交通运输职业教育高职新能源汽车运用与维修专业教材

Xinnengyuan Qiche Qudong Dianji yu Kongzhi Jishu
新能源汽车驱动电机与控制技术
（第2版）

全国交通运输职业教育教学指导委员会　**组织编写**

张　利　**主　　编**

陈俊杰　宫英伟　林　松　**副主编**

缑庆伟　**主　　审**

人民交通出版社股份有限公司

北京

内 容 提 要

本书为交通运输职业教育高职新能源汽车运用与维修专业教材。全书分为四个模块，主要内容有：新能源汽车认知、新能源汽车电机基础介绍、新能源汽车驱动电机结构原理与故障检修、新能源汽车驱动电机控制系统结构原理与故障检修。

本书可作为高职高专院校新能源汽车运用与维修专业的教学用书，也可作为从事新能源汽车制造与维修技术人员的培训教材，以及新能源汽车专业师资培训教材。

图书在版编目(CIP)数据

新能源汽车驱动电机与控制技术/张利主编.—2版.—北京：人民交通出版社股份有限公司，2022.12
ISBN 978-7-114-18198-6

Ⅰ.①新… Ⅱ.①张… Ⅲ.①新能源—汽车—驱动机构—高等职业教育—教材 Ⅳ.①U469.703

中国版本图书馆 CIP 数据核字(2022)第 165186 号

书　　名：新能源汽车驱动电机与控制技术（第 2 版）
著 作 者：张　利
责任编辑：张一梅
责任校对：席少楠　刘　璇
责任印制：刘高彤
出版发行：人民交通出版社股份有限公司
地　　址：(100011)北京市朝阳区安定门外外馆斜街 3 号
网　　址：http://www.ccpcl.com.cn
销售电话：(010)59757973
总 经 销：人民交通出版社股份有限公司发行部
经　　销：各地新华书店
印　　刷：北京市密东印刷有限公司
开　　本：787×1092　1/16
印　　张：11.25
字　　数：266 千
版　　次：2018 年 3 月　第 1 版
　　　　　2022 年 12 月　第 2 版
印　　次：2024 年 1 月　第 2 版　第 3 次印刷　累计第 8 次印刷
书　　号：ISBN 978-7-114-18198-6
定　　价：35.00 元

(有印刷、装订质量问题的图书，由本公司负责调换)

交通运输职业教育高职新能源汽车运用与维修专业教材编审委员会

陈文华（浙江交通职业技术学院）
张京伟（中国汽车维修行业协会）
王凯明（中国汽车维修行业协会）
魏俊强（北京祥龙博瑞汽车服务集团）
官海兵（江西交通职业技术学院）
钱锦武（云南交通职业技术学院）
张　利（北京交通运输职业学院）
缑庆伟（北京交通运输职业学院）
李丕毅（上海交通职业技术学院）
仇　鑫（上海交通职业技术学院）
侯　涛（云南交通职业技术学院）
朱学军（河南交通职业技术学院）
张俊停（河南交通职业技术学院）
夏令伟（上海中锐教育投资有限公司）
朱　军（中国汽车维修行业协会）
周志国（浙江交通职业技术学院）
李丽娜（天津交通职业学院）
蔺宏良（陕西交通职业技术学院）
张宏坤（山东交通职业学院）
许建忠（北京汇智慧众汽车技术研究院）
李　斌（人民交通出版社股份有限公司）
翁志新（人民交通出版社股份有限公司）

第2版前言

为落实国务院办公厅印发的《新能源汽车产业发展规划(2021—2035年)》精神,适应我国新能源汽车产业快速发展的形势,满足企业对新能源汽车技术人才的需求,在遵循教育部新能源汽车相关专业教学标准的要求、紧密结合新能源汽车专业的教学需求的基础上,修订了《新能源汽车驱动电机与控制技术》教材。

本教材在修订过程中,注意吸收国际先进的职业教育理念,具有以下特色:

1. 充分发挥校企合作资源优势。通过调研国内外新能源汽车维修岗位,提炼典型工作任务,归纳职业能力要求,引入《驱动电机与控制系统故障案例库》,基于专业教学标准、新能源汽车技术国家标准、1+X证书智能新能源汽车职业技能等级标准等对教材内容进行转化,构建了四个教学模块。

2. 教材内容选取新能源汽车维修岗位高频次工作任务,对接国内外新能源汽车驱动电机系统、新技术,维修诊断新工艺、新规范,属于1+X《新能源汽车动力驱动电机电池技术》(中级)模块考核内容,符合全国新能源汽车维修技能大赛要求。

3. 围绕学习目标,聚焦知识和技能培养,注重素质的培育,四个模块中补充了实操技能训练工作页,体现任务驱动行动导向的教学观,使培养过程实现"理实一体"。教材内容注重课程思政元素的融入,培育具有安全规范、精益求精的工作作风和严谨求实的劳动态度,树立民族自信,实现学生德技并修、知行合一。

本教材的编写分工为:北京交通运输职业学院陈俊杰、南京交通职业技术学院沙颂编写模块一,北京交通运输职业学院任灏宸、广西交通职业技术学院林松编写模块二,北京交通运输职业学院宫英伟、苏州建设交通高等职业技术学校邱斌编写模块三,北京交通运输职业学院张利编写模块四。全书由北京交通运输职业学院张利担任主编,北京交通运输职业学院陈俊杰、宫英伟以及广西交通职业技术学院林松担任副主编,北京交通运输职业学院缑庆伟担任主审。参加本教材编写工作的还有南京交通职业技术学院孙周、北京商业学校高雪娇、北京汽车技师学院薛菲、广西交通运输学校张振。

限于编者水平,书中难免有疏漏和错误之处,恳请广大读者提出宝贵建议,以便进一步修改和完善。

作 者
2022 年 7 月

第1版前言

为落实国务院印发的《节能与新能源汽车产业发展规划(2012—2020年)》精神,适应我国新能源汽车快速发展的形势,满足新能源汽车技术人才需求,全国交通运输职业教育教学指导委员会组织来自交通职业技术院校的专业教师,按照《新能源汽车运用与维修专业教学标准》的要求,紧密结合目前新能源汽车运用与维修专业教学需求,编写了交通运输职业教育高职新能源汽车运用与维修专业教材。

在本系列教材启动之初,全国交通运输职业教育教学指导委员会组织召开了新能源汽车运用与维修专业教材编写大纲审定会,邀请行业内专家对该专业的课程体系和教材编写大纲进行了审定。教材初稿完成后,每种教材由一名企业专家或专业教师进行主审,编写团队根据主审意见修改后定稿,实现了对书稿编写全过程的严格把关。

本系列教材在编写过程中,认真总结了全国交通职业院校的专业建设经验,注意吸收发达国家先进的职业教育理念,具有以下特色:

1. 与专业教学标准紧密衔接,较多地体现了新技术、新工艺、新方法,满足新能源汽车运用与维修专业高技能人才培养的需要。

2. 尽量以多数高职院校配置的新能源车型为载体进行讲解,具有较广的适用性。

3. 采用模块式编写体例,围绕学习目标,聚焦知识和技能培养,体现行动导向的教学观,使培养过程实现"理实一体"。

4. 所有教材配有电子课件,部分教材的知识点,以二维码链接动画或视频资源,易教易学。

  《新能源汽车驱动电机与控制技术》是本系列教材之一。参加本教材编写工作的有:北京交通运输职业学院陈俊杰(编写模块一);北京交通运输职业学院李旭(编写模块二);陕西交通职业技术学院贾永峰(编写模块三);北京交通运输职业学院张利(编写模块四);苏州建设交通高等职业技术学校邱斌(编写模块五)。全书由北京交通运输职业学院张利、缑庆伟担任主编,上海中锐教育投资股份有限公司夏令伟担任主审。

  限于编者水平,书中难免有疏漏和错误之处,恳请广大读者提出宝贵建议,以便进一步修改和完善。

全国交通运输职业教育教学指导委员会
2017 年 11 月

目 录

模块一　新能源汽车认知 ··· 1
一、新能源汽车的分类 ··· 1
二、纯电动汽车 ··· 3
三、混合动力汽车 ·· 10
技能实训 ·· 17
思考与练习 ·· 23

模块二　新能源汽车电机基础介绍 ······································ 25
一、磁场 ·· 26
二、磁路 ·· 28
三、电磁感应定律和电磁力定律 ·· 32
四、铁磁材料 ·· 36
五、电机的制造材料 ·· 40
六、电力电子器件在电机及控制系统的应用 ······························ 43
技能实训 ·· 52
思考与练习 ·· 56

模块三　新能源汽车驱动电机结构原理与故障检修 ························ 60
一、新能源汽车驱动电机的分类及特点 ·································· 60
二、永磁同步电机的构造原理与检修 ···································· 68
三、交流感应电机的构造原理与检修 ···································· 77

四、直流电机的结构原理与检修 …………………………………………… 89
五、电机新技术 ……………………………………………………………… 92
六、驱动桥检修 ……………………………………………………………… 93
技能实训 ……………………………………………………………………… 95
思考与练习 ………………………………………………………………… 112

模块四　新能源汽车驱动电机控制系统结构原理与故障检修 …………… 115

一、驱动电机控制系统的结构功能 ………………………………………… 115
二、电机控制系统的工作原理 ……………………………………………… 124
三、电机控制系统的控制策略 ……………………………………………… 138
四、混合动力电机系统控制策略 …………………………………………… 145
五、电机控制系统维护检修 ………………………………………………… 148
技能实训 …………………………………………………………………… 152
思考与练习 ………………………………………………………………… 165

参考文献 ……………………………………………………………………… 168

模块一 新能源汽车认知

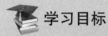 学习目标

★ 知识目标

1. 了解发展新能源汽车的必要性；
2. 了解不同类型新能源汽车的典型代表；
3. 掌握新能源汽车的定义与分类；
4. 熟悉各种类型新能源汽车的特点；
5. 掌握纯电动汽车及混合动力汽车的结构组成及工作原理。

★ 技能目标

1. 能描述电机驱动控制系统的工作原理；
2. 能指认纯电动汽车及混合动力汽车的各部件；
3. 能完成混合动力汽车断电操作。

★ 素养目标

1. 能保持积极学习、认真工作的态度；
2. 树立国产新能源品牌产业发展自信；
3. 培养学生与小组成员间友好合作的团队意识；
4. 培养学生自主学习、交流沟通及书写能力；
5. 培养学生规范操作、安全生产、环保作业的职业能力。

 建议课时：8 课时。

某品牌经销店售后服务部门举办新员工基础培训，请你介绍不同类型的新能源汽车结构及特点，并展示纯电动汽车和混合动力汽车的构造差异。

一、新能源汽车的分类

随着传统能源的逐渐枯竭，各大汽车公司的研究机构开始研发新能源汽车。新能源汽车是指采用非常规的车用燃料作为动力来源(或使用常规的车用燃料、采用新型车载动力装置),综合车辆的动力控制和驱动方面的先进技术,形成的技术原理先进,具有新技术、新结构的汽车。新能源汽车的发展旨在通过技术创新,重点在能源消耗、环境污染等方面,改善汽车相关性能。因此,其在排放与能源消耗方面,较传统内燃机汽车具有更大的优势。

新能源汽车通常可以分为纯电动汽车(Electric Vehicle,EV,以 Tesla 为代表),如图 1-1 所示;混合动力汽车(Hybrid Electric Vehicle,HEV,以丰田普锐斯为代表),如图 1-2 所示;还有燃料电池电动汽车(Fuel Cell Electric Vehicle,FCEV,以本田 Clarity 为代表),如图 1-3 所示。

图 1-1 特斯拉 Model X

图 1-2 丰田普锐斯

图 1-3 本田 Clarity Fuel Cell

(一) 纯电动汽车

纯电动汽车主要使用电力驱动控制系统取代了传统汽车发动机动力系统。电力驱动系统主要由电力驱动模块、车载电源模块和辅助模块三大部分组成。电动汽车的操纵稳定性、平顺性及通过性与内燃机汽车基本相同。电动汽车本身除具有再生制动性能外,与内燃机汽车的制动原理也是相同的。

纯电动汽车是完全由可充电电池(如铅酸蓄电池、镍镉蓄电池、镍氢蓄电池或锂离子蓄电池)提供能量源的汽车。纯电动汽车的能量供给和消耗与蓄电池的性能密切相关,直接影响电动汽车的动力性和续驶里程,同时影响纯电动汽车行驶的成本效益。由于电动机特别的动力特性,使得纯电动汽车的结构和动力性能特性与燃油汽车存在较大的差别。

(二) 混合动力汽车

广义上说,混合动力汽车是指车辆驱动系统由两个或多个能同时运转的单个驱动系统联合组成的车辆,车辆的行驶功率依据实际的车辆行驶状态由多个驱动系统单独或共同提供。通常所说的混合动力汽车,一般是指油电混合动力汽车,即采用传统的内燃机(柴油机或汽油机)和电动机作为动力源,也有的发动机经过改造使用其他替代燃料,例如压缩天然气、丙烷和乙醇燃料等。

随着世界各国环保政策越来越严格,混合动力汽车由于其节能、低排放等特点成为汽车研究与开发的一个重点,并已经开始商业化。混合动力汽车使用的电动力系统中包括高效强化的电动机、发电机和蓄电池。蓄电池有铅酸蓄电池、镍锰氢蓄电池和锂离子蓄电池,以及氢燃料电池。混合动力汽车的动力总成主要包括发动机、发电机、电动机/发电机、蓄电池(电容)及变速器等。

(三)燃料电池电动汽车

燃料电池电动汽车是利用氢气等燃料和空气中的氧在催化剂的作用下,在燃料电池中经电化学反应产生的电能并作为主要动力源驱动的汽车。燃料电池电动汽车在车身、动力传动系统、控制系统等方面与传统汽车基本相同,主要区别在于动力蓄电池的工作原理不同,燃料电池电动汽车有其独特的优势,比如能量转化率高、零排放、不污染环境等。在北美,各大汽车公司加入了美国政府支持的国际燃料电池联盟,各公司分别承担相应任务,生产以燃料电池作为动力的汽车,美国通用汽车公司在美国能源部的资助下推出了以质子交换膜燃料电池(Proton-Exchange Membrane Fuel Cell,PEMFC,也称为离子交换膜燃料电池或固体高聚合物电解质燃料电池)和蓄电池并用提供动力的轿车;美国福特汽车公司现已研制出从汽油中提取氢的新型燃料电池,其燃料效率比内燃机提高一倍,而产生的污染物质只有内燃机的5%。我国在燃料电池汽车领域的研究水平与发展中国家接近,由清华大学和北京富源新技术开发总公司联合研发的我国第一辆质子交换膜燃料电池的电动旅游观光车,展示了国内燃料电池电动汽车的最新技术。

燃料电池电动汽车是以电力驱动为唯一的驱动模式,其电气化和自动化程度大大高于传统内燃机汽车。在结构组成上,燃料电池电动汽车仍然保留了传统内燃机汽车的车身形式系统、悬架装置、转向系统和制动系统等,不同之处在于它的动力驱动系统。在整车布置上除去与内燃机汽车相同的部分外,燃料电池电动汽车还包括对氢气存储罐或甲醇改制系统、燃料电池发动机系统、电气控制系统和电动机驱动系统等。这些核心部件的布置不仅要考虑布置方案的优化及零部件性能实现的便利,还必须考虑氢泄漏等特殊的安全性问题。

二、纯电动汽车

纯电动汽车的结构

与燃油汽车相比,纯电动汽车的结构具有以下几个特点:①纯电动汽车的能量主要通过柔性的电线而不是刚性联轴器和传动轴传递的,因此,纯电动汽车各部件的布置具有很大的灵活性。②纯电动汽车驱动系统的布置不同,如独立的四轮驱动系统和轮毂电机驱动系统等会使系统结构区别很大;采用不同类型的电动机,如直流电动机和交流电动机,会影响到纯电动汽车的质量、尺寸和形状;不同类型的储能装置,如蓄电池,也会影响纯电动汽车的质量、尺寸及形状。③不同的能源补充装置具有不同的硬件和机构,例如,蓄电池可通过感应式和接触式的充电机充电,或者采用更换蓄电池的方式,将替换下来的蓄电池进行集中充电。

(一)纯电动汽车的结构

纯电动汽车主要由底盘、电机驱动控制系统、电源系统以及辅助系统组成,如图1-4所示。有些部件根据所选的驱动方式不同,已被简化或省去了。电机驱动控制系统既决定了整个纯电动汽车的结构组成及其性能特征,也是纯电动汽车的核心,是区别于传统内燃机汽车的最大不同点。

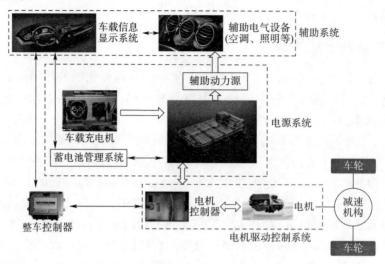

图 1-4 纯电动汽车结构图

1. 汽车底盘

汽车底盘是整个汽车的基础,不仅起着支承蓄电池、电动机、驱动控制器、汽车车身、空调及各种辅助装置的作用,同时也传递、分配驱动电机的动力,并按驾驶人的意图(加速、减速、转向、制动等)行驶。传统汽车底盘包括传动系统、行驶系统、转向系统和制动系统四大系统。纯电动汽车传动系统根据所选驱动方式不同而变化,纯电动汽车典型的驱动电机与传动系统布置方式如图 1-5 所示。

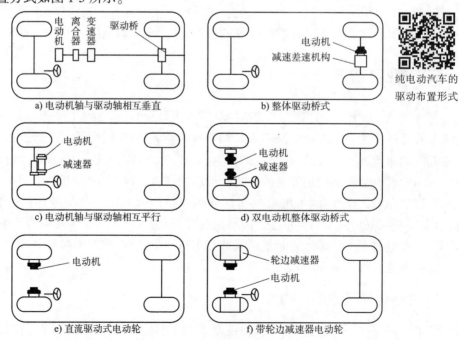

图 1-5 纯电动汽车典型的驱动电机与传动系统布置方式

行驶系统包括车桥、车架、悬架、车轮与轮胎,其中如采用轮毂电动机驱动则不需要车桥;车架是整个汽车的装配基体,其作用主要是支承连接汽车的各零部件,承受来自车内和车外的各种载荷;悬架是车架(或车身)与车轮(或车桥)之间的一切传力连接装置的总称,它主要由弹性元件、减振器和导向机构等组成。它与充气轮胎一起缓和不平路面对车辆的冲击振动;车轮主要由轮辋、轮辐等组成,其内部还需安装制动器,还可能需要安装轮毂电机;为减小纯电动汽车行驶时的滚动阻力,轮胎采用子午线轮胎为好。

转向系统包括转向操纵机构、转向器、转向传动机构等,按能源不同被分为机械转向系统和动力转向系统两大类,机械转向系统与传统汽车的完全一致。

制动系统由供能装置、控制装置、传动装置和制动器四个基本部分组成,按其功用不同,被分为行车制动系统、驻车制动系统、应急制动系统和辅助制动系统等。纯电动汽车由于可利用电动机实现再生制动进行能量回收,并且还可利用电磁吸力实现电磁制动,因此,随着技术的发展,其制动系统也将会有较大的变化。

2. 电机驱动控制系统

电机驱动控制系统的组成与工作原理如图1-6所示,来自加速踏板的信号输入电子控制器并通过控制功率变换器来调节电动机输出的转矩或转速,电动机输出的转矩通过传动系统驱动车轮转动。充电器通过汽车的充电接口向蓄电池充电。在汽车行驶时,蓄电池中电能经功率变换器向电动机供电。当电动汽车采用电制动时,驱动电机运行在发电状态,将汽车的部分动能回收给蓄电池以对其充电,并延长电动汽车的续驶里程。

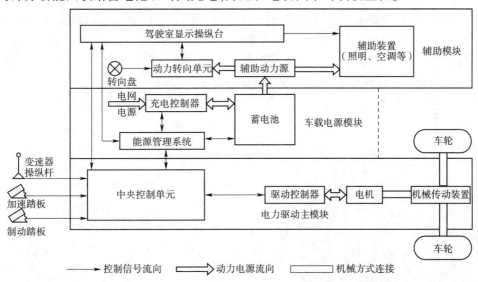

图1-6 电机驱动控制系统的组成及工作原理图

1) 车载电源模块

车载电源模块主要由蓄电池、能源管理系统和充电控制器三部分组成,下面分别予以介绍。

(1) 蓄电池。蓄电池是纯电动汽车的唯一能量来源,除了供给汽车驱动所需的电能外,也是供应汽车上各种辅助装置的工作电源,蓄电池在车上安装前需要通过串并联的方式组成蓄电池包,电压一般为12V或24V。而电动机驱动一般要求为高压电源,根据所采用电动机类型不同,其要求的电压等级也不同,为满足该要求,可以用多个低压蓄电池模块串联成 96~384V 的高压直流蓄电池组,再通过 DC/DC 转换器供给所需要的不同的电压,如图 1-7 所示。也可按所需的电压等级要求直接由蓄电池组合成不同电压等级的蓄电池组,不过这样会给充电和能量管理带来相应的麻烦。工作中,高压蓄电池会分两路为汽车提供电能,如图 1-8 所示。首先通过高压控制盒,输出一路几百伏直流电,向驱动电机、空调压缩机、PTC 加热器提供电能,另一路输出到 DC/DC 转换器,经转换为 12V 或 24V 低压电,向低压蓄电池充电,及向动力转向单元、制动力调节控制单元、照明、车身电气等提供电能。

纯电动汽车电池与电池管理系统

图 1-7 动力蓄电池

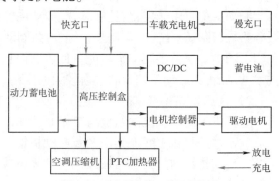
图 1-8 动力蓄电池工作过程简图

(2) 能源管理系统。能源管理系统的主要功能是在汽车行驶过程中分配能源,协调各功能模块的能量管理,使有限的能量得到充分地利用。能量管理系统与电机驱动模块的中央控制单元配合一起控制发电回馈,即在汽车制动和下坡滑行时进行能量回收,从而有效利用能源,提高纯电动汽车的续驶里程。能源管理系统还需要与充电控制器一同控制充电,为提高蓄电池性能的稳定性和延长使用寿命,需要实时监测电源的使用情况,对蓄电池的温度、电解液浓度、蓄电池内阻、电池端电压、当前电池剩余电量放电时间、放电电流或放电深度的蓄电池状态参数进行检测,并按照蓄电池对环境温度的要求进行调温控制,通过限流控制,避免蓄电池过度充放电,对有关参数进行显示和报警,采集数据流向辅助模块的驾驶室显示操纵台,以便驾驶人随时掌握并配合其操作,按需要及时对蓄电池充电并进行维护。

(3) 充电控制器。充电控制器是把电网供电制式转化为蓄电池充电要求的制式,即把交流电转换为相应电压的直流电,并按照充电方式控制其充电电流,如图 1-9 所示。充电器开始充电时为恒流充电阶段,当蓄电池电压上升到一定值的时候,充电器进入恒压充电阶段,输出电压维持在相应值;充电进入恒压充电阶段后,电流逐渐减小;当充电电流减小到一定值时,充电器进入涓流充电阶段。有些情况下采用脉冲式电流进行快速充电。

图 1-9 充电控制器

2) 电力驱动组模块

电力驱动组模块主要由中央控制单元、驱动控制器、电动机、机械传动装置组成。为了适应驾驶人的传统操纵习惯,纯电动汽车仍保留了加速踏板、制动踏板及有关操作手柄或按钮等。在纯电动汽车上将加速踏板、制动踏板的机械位移量转换成相应的电信号,输入到中央控制单元实现汽车行驶的控制。除了传统的驱动模式外,其他驱动结构均省去了离合器。为遵循驾驶人的传统习惯,变速器操纵杆仍需保留有前进挡、空挡和倒挡三个挡位,并且以开关信号传送到中央控制单元实现对汽车前进、停车和倒车的控制。

(1)中央控制单元。中央控制单元是电力驱动组模块的控制中心,如图 1-10 所示,其根据加速踏板与制动踏板的输入信号向驱动控制器发出相应的控制指令,对电动机进行起动、加速、降速和制动控制。在纯电动汽车制动或下坡滑行时,中央控制器配合车载电源控制的能量管理系统进行发电回馈,使蓄电池反向充电。对于汽车行驶状况有关的速度、功率、电压、电流以及相关的故障信息还需传输到辅助模块的驾驶室显示控制台进行相应的数字或模拟显示,也可通过液晶屏幕来提高其信息量。另外,如果驱动采用轮毂电机分散驱动方式,当汽车转弯时,中央控制器也需根据辅助模块的动力参数核算,提高可靠性。现代汽车控制系统已经较多的采用了计算机 CPU(Central Processing Unit,中央处理器)总线控制方式,特别是对于采用轮毂电机进行 4WD 前后四轮驱动控制的模式,更需要用总线控制技术来简化新能源汽车内部的线路布局,提高其可靠性,也便于故障诊断和维修,并且采用该模块化结构,一旦技术成熟,其成本也将随产量增加而大幅下降。

(2)驱动控制器。驱动控制器的功能是按照中央控制单元的指令、电动机的速度和电流反馈信号,对电动机的速度、驱动力矩和旋转方向进行控制,如图 1-11 所示。驱动控制器与电动机必须配套使用,目前对电动机的调速主要采用调压、调频的方式,这主要取决于所选用的驱动电机类型。

图 1-10 中央控制单元

图 1-11 驱动控制器

由于蓄电池以直流电方式供电,所以直流电动机主要是通过 DC/DC 转换器进行调压调速控制的,如图 1-12 所示。而交流电动机则需要通过 DC/AC 转换器进行调频调压矢量控制。磁阻电动机则是通过其脉冲频率来进行调速的。当汽车倒车时,需通过驱动控制器使电动机反转来驱动车轮反向行驶。

(3)电动机。电动机在新能源汽车中要求承担着驱动和发电的双重功能,即在正常行驶时发挥其主要电动机功能,将电能转化为其机械能旋转,而在制动和下坡滑行时又要进行发电,将车轮的惯性动能转化成电能,如图 1-13 所示。电动机与驱动控制器所组成的驱动系统是纯电动汽车中最为关键的部件。纯电动汽车的运行性能主要取决于驱动系统的类型和性能,它直接影响着车辆的各项性能指标,如车辆在各工况的行驶速度、加速和爬坡性能以及能源转化效率。电动机的选型一定要根据其负载特性来决定,通过对汽车行驶时的特性分析可知,在汽车起步和上坡时,要求有较大的起动转矩和相当的短时过载能力,并有较宽的调速范围和理想的调速特性,即在起动低速时为恒转矩输出,在高速时为恒功率输出。

图1-12　DC/DC转换器

图1-13　驱动电机

(4)机械传动装置。纯电动汽车传动装置的作用是将电动机的驱动力矩传递给汽车的驱动轴,从而带动车轮转动。由于电动机本身就有较好的调速特性,其变速机构可以被大大简化,较多采用为放大电动机的输出力矩仅采用一种固定的减速装置。电动机可带负载直接起动,省去了传统内燃机汽车的离合器,同时电动机可以容易地实现正反向旋转,也就无须通过变速器的倒挡齿轮来实现倒车。对电动机在车架上的合理布局即可省去传动轴万向节等传动链。而当采用轮毂电机分散驱动方式时,又可以省去传统汽车的驱动桥、机械差速器、半轴等传统部件。

3)辅助模块

辅助模块包括辅助动力源、动力转向单元、驾驶室显示操纵台和各种辅助装置等。各个装置的功能与传统汽车的基本相同,其结构原理根据纯电动汽车的特点和需求有所区别。

(1)辅助动力源。辅助动力源是供给纯电动汽车其他各种辅助装置所需的动力电源,一般为12V或24V的直流低压电源,它主要给动力转向、制动力调节控制、照明、空调、电动窗门等各种辅助装置提供所需的能源。

(2)动力转向单元。转向装置是为实现汽车的转弯而设置的,它由转向盘、转向器、转向机构与转向轮等组成。作用在转向盘上的控制力,通过转向器、转向机构和转向轮偏转一定的角度,实现汽车的转向。为提高驾驶人的操控性,现代汽车都采用了动力转向,较理想的是采用电子控制动力转向系统(Electric Power Steering,EPS)。电子控制动力转向系统主要有电控液力转向系统和电控电动转向系统两类,对于纯电动汽车较适于选用电控电动转向系统。多数汽车为前轮转向,而工业用电动叉车常采用后轮转向,为提高汽车转向时的操纵稳定性和机动性,理想的是采用四轮转向系统。对于采用轮毂电机分散驱动的纯电动汽车,由于电动机控制响应速度的提高,可更容易地实现四轮电子差速转向控制。另外,为配合转弯时左右两侧车轮有相应的差速要求,还需同时控制电子差速器协调工作。

(3)驾驶室显示操纵台。驾驶室显示操纵台类似传统汽车驾驶室的仪表板,不过其功能根据纯电动汽车驱动的控制特点有所增减,其信息指示更多地选用数字或液晶屏幕显示。

它与前述电力驱动组模块主模块中的中央控制单元结合,用计算机进行控制。不少新能源汽车生产商已为此研发了纯电动汽车专用的数字化电控系统,以 CAN(Controller Area Network,控制器域网)总线、嵌入式技术为核心的数字化整车电控系统,将 GPS/GPRS(Global Positioning System/General Packet Radio Service,全球定位系统/通用无线分组业务)集成到车载信息系统,提升纯电动汽车智能化程度,符合环保时尚消费理念。

（4）辅助装置。纯电动汽车的辅助装置主要有照明、各种声光信号装置、车载音响设备、空调、刮水器、风窗除霜清洗器、电动门窗、电控玻璃升降器、电控后视镜调节器、电动座椅调节器、车身安全防护装置控制器等。它们主要是为提高汽车的操控性、舒适性、安全性而设置,有些是必要的,有些是可选的。与传统汽车一样,大都有成熟的专用配件供应。不过选用时应考虑到纯电动汽车能源不富裕的特点,特别是空调所消耗的能量比较大,应尽可能从节能方面考虑。另外,对于有些装置可用液压或电动两种方式来控制的,一般选用电动控制的方式较为方便。

(二)纯电动汽车的特点

1.纯电动汽车的优点

纯电动汽车的优点是零排放、振动噪声小、能效高,并可以夜间利用廉价"谷电"进行充电,起到平抑电网峰谷差作用等。具体有以下六点:

纯电动汽车发展

（1）环保。纯电动汽车在运行过程中可以做到零污染,完全不排放污染大气的有害气体。即使所耗电量换算为发电厂的排放,造成的污染也少于传统汽车,因为发电厂的能量转换率更高,而且集中排放可以更方便地加装减排治污设备。

（2）运行费用低。在高油价的今天,电动汽车的运行费用是要远小于传统汽车。

（3）噪声小。电动机在运行中的噪声和振动水平都远小于传统内燃机。在急速和低速情况下,纯电动汽车的舒适性远高于传统汽车,随着速度的提升,胎噪和风噪逐渐增大,这也是噪声的主要来源。纯电动汽车的这一特点对于提升汽车的 NVH(Noise, Viberation, Harshness,噪声、振动与声振粗糙度)性能无疑会有很大的帮助。

（4）节能。纯电动汽车的百公里耗电量为 15～20kW·h,算上发电厂和电动机的损耗之后,百公里的能耗约为 7kg 标准煤。传统汽车按百公里耗油量 10L 计,能耗约为 10kg 标准煤。并且在城市的拥堵环境里,纯电动汽车的节能优势会进一步放大。

（5）结构简单,维护方便。纯电动汽车不再需要复杂的传动机构和占据了大量空间的排气系统,维护起来方便了很多,同时空间也得到了大幅扩展。并且,纯电动汽车还能更方便地实现四轮驱动。

（6）加速快。电动机在全部转速范围内都可以输出最大力矩,而传统汽车发动机一般要到 2000r/min 才能输出最大转矩,因此,纯电动汽车起步加速非常迅猛。

2.纯电动汽车的缺点

纯电动汽车的缺点是充电基础设施投入的社会成本高、续驶里程短、动力蓄电池价格昂贵,同时电池容量和寿命也有待提高等,具体如下:

（1）充电难。在国内充电设施建设滞后的情况下,充电是电动汽车所面临的一大难题,公共场所充电桩的缺乏严重影响了电动汽车的出行便利性。

(2) 续驶里程短。受限于蓄电池的容量,目前大多数的纯电动汽车续驶里程虽然都提升到 500km 及以上,且一再有研究表明 90% 的汽车每日行驶距离不超过 500km,但是中国消费者对续驶里程的要求比美国人更高。纯电动汽车可以满足居民通勤需求,但是远距离出游,或是需要开空调的条件下,仍存在无法解决"里程焦虑"的问题。

(3) 充电慢。目前大多数充电桩都是慢充桩,一辆车充满需要 5~8h。虽然可以利用夜间休息时间充电,但是如果遇到突发情况,纯电动汽车充电慢的缺点就会凸显无疑。

(4) 售后服务有待加强。纯电动汽车结构虽然简单,但是由于动力部分和传统汽车相距甚远,维修技师的技能缺乏,现在绝大部分的技师能够修传统汽车,但是缺少电气方面的知识,贸然维修纯电动汽车不但可能造成车辆的损坏,还有一定的危险性。此外,纯电动汽车生产量和保有量还不够大,零部件稀缺,价格还偏高。

三、混合动力汽车

混合动力电动车辆因节能、低排放等特点,成为汽车研究与开发的一个重点。混合动力装置既发挥了发动机持续工作时间长、动力性好的优点,又可以发挥电动机无污染、低噪声的好处,二者取长补短,汽车的热效率可提高 10% 以上,废气排放可改善 30% 以上。因各个组成部件、布置方式和控制策略的不同,形成了多种分类形式。

混合动力控制系统的功能

混合动力控制系统的组成

(一) 混合动力汽车的分类

1. 按混合动力总成配置和部件的组合方式分

根据混合动力总成配置和部件的组合方式不同,一般把混合动力汽车分为串联式混合动力汽车、并联式电动混合动力汽车和混联式混合动力汽车三类。

(1) 串联式混合动力汽车(Series Hybrid Electric Vehicle, SHEV)主要由发动机、发电机、驱动电机等三大动力总成用串联方式组成了 HEV 的动力系统。由发动机带动发电机所产生的电能和蓄电池输出的电能,共同输出到电动机来驱动汽车行驶,并且电力驱动是唯一的驱动模式。其系统结构示意图如图 1-14 所示,它是混合动力汽车中结构形式最简单的一种,传动机构简单,但需要发动机、发电机和电动机这三个驱动部件。

串联式混合动力系统的发动机仅用于驱动发电机发电,产生的电能供给电动机,由电动机提供动力满足汽车行驶要求。行驶时,发动机输出的机械能通过发电机转化为电能,一部分电能经电动机和传动装置驱动车轮,一部分存储在蓄电池中,供汽车加速或其他工况使用。蓄电池(或电容)起到平衡发动机输出功率和电动机输入功率的作用,当发电机的发电功率大于电动机所需的功率时,发电机将额外功率给蓄电池充电;当发电机发出的功率低于电动机所需的功率时,蓄电池则向电动机提供额外的电能。

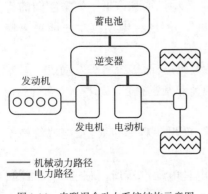

图 1-14 串联混合动力系统结构示意图

（2）并联式混合动力汽车（Parallel Hybrid Electric Vehicle，PHEV）的发动机和电动机/发电机都是动力总成，两大动力总成的功率可以根据使用要求互相叠加输出，也可以单独输出。也就是说，在并联混合动力系统中，发动机和电动机直接驱动车轮。除补充汽油发动机的电源外，车辆运行时，电动机也用作发电机对高压蓄电池组充电，也可在仅使用电动机的情况下驾驶车辆。该系统的发动机功率和电动机/发电机功率为电动汽车所需最大驱动功率的0.5~1倍，因此，可以采用小功率发动机和电动机/发电机，使整个动力系统的装配尺寸、质量都比较小，造价也更低，续驶里程也可以比串联式混合动力汽车的长一些，其特点更加趋于内燃机汽车。并联式混合动力系统的结构示意图如图1-15所示。

与串联式结构相比，并联式混合动力系统发动机通过机械传动机构直接驱动汽车，其能量的利用率相对较高，行驶时当发动机提供的功率大于驱动汽车所需的功率，或者汽车处于再生制动的状态时，电动机就工作于发电状态，将多余的电能给蓄电池充电。

（3）混联式混合动力汽车（Parallel Series Hybrid Electric Vehicle，PSHEV）在结构上综合了串联式和并联式系统的特点，主要由发动机、电动机/发电机和驱动电机三大动力总成组成。发电机可通过发动机动力产生电能，产生的电能用于对HV蓄电池充电并向电动机供电，供给动力分配设备的发动机机械动力可通过电动机进行平衡。混联式混合动力系统的结构示意图如图1-16所示。

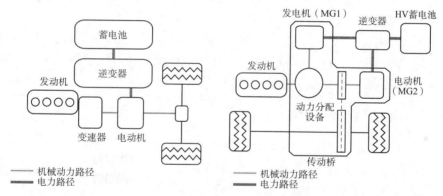

图1-15 并联混合动力系统结构示意图　　图1-16 混联式混合动力系统结构示意图

混联式混合动力汽车在低速行驶时，驱动系统主要以串联方式工作；当汽车高速稳定行驶时，则以并联方式工作。这种结构能较好地实现汽车的各项性能需求，使发动机的工作不容易受汽车行驶状况的影响。因此，它总是在最高效率状态下工作，实现了低排放及低油耗的目的，达到较好的环保节能效果。然而，此类汽车的控制技术较为复杂，控制系统设计与制造要求较高，传动系统布置也较为困难。

混联式混合动力系统的结构特点

2. 按混合动力系统中混合度分

根据在混合动力系统中混合度的不同，混合动力系统可以分为以下五类：

（1）微混合动力系统（Belt-driven Starter Generator，BSG），是指在传统发动机基础上，加装皮带驱动起动电机，一般这个电机都为一般发电起动一体式发电机，用来控制发动机的起动和停止。代表的车型是PSA的混合动力版C3和丰田的混合动力版Vitz。从严格意义上来讲，这种微混合动力系统的汽车不属于真正的混合动力汽车，因为它的电机并没有为汽车行驶提供持续的动力。

(2) 轻混合动力系统(Integrated Starter Generator, ISG)，车辆可以在减速、制动等工况进行能量吸收，采用电机带动车辆，以节省燃油。一般 ISG 的混合度在 20% 以下。其代表车型是通用的混合动力多用途货车。轻混合动力系统除了能够实现用发电机控制发动机的起动和停止，还能够实现在减速和制动工况下，对部分能量进行吸收；在行驶过程中，发动机等速运转，发动机产生的能量可以在车轮的驱动需求和发电机的充电需求之间进行调节。

(3) 中混合动力系统。发动机为主要动力来源，大转矩助动电机作为辅助动力来源，与主要动力相连，可以在一定条件下加速时辅助发动机驱动车辆，一般这个比重为 30% 左右，目前技术已经成熟，应用广泛。本田旗下混合动力的 Insight、Accord 和 Civic 都属于这种系统。中混合动力系统采用的是高压电机。另外，中混合动力系统还增加了一个功能，在汽车处于加速或者大负荷工况时，电动机能够辅助驱动车轮，从而补充发动机本身动力输出的不足，更好地提高整车的性能。

(4) 完全混合动力系统。丰田的 PRIUS 和 ESTIMA 属于完全混合动力系统。该系统采用了 272~650V 的高压起动电机，混合程度更高。与中混合动力系统相比，完全混合动力系统的混合度可以达到甚至超过 50%。技术的发展将使得完全混合动力系统逐渐成为混合动力技术的主要发展方向。

(5) 外接式充电混合动力汽车，又称插电式混合动力汽车或增程式混合动力汽车。它其实兼具了纯电动和混合动力汽车的基本特征，在一定行驶里程内使用纯电模式驱动，超过这个里程就会起动发动机，采用混合动力模式驱动。

(二) 混合动力汽车的结构

混合动力汽车主要由动力产生及分配系统、能量回收系统、控制系统和车身电气及舒适系统组成，不同车系与车型的系统布置形式及组成存在或多或少的差异。这里我们以丰田混合动力系统为例，对其结构组成予以介绍，如图 1-17 所示。

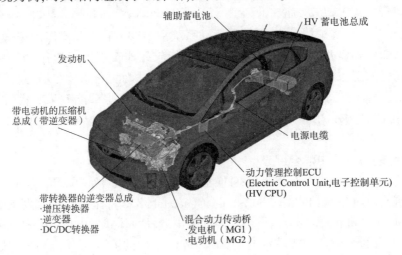

图 1-17　混合动力汽车的部件定位图

1. 蓄电池

混合动力汽车配备了两个蓄电池,即 HV 蓄电池和辅助蓄电池。其中,HV 蓄电池用于存储 MG1 和 MG2 产生的电能,为直流电压 12V 系统充电。同时,当使用电动机驱动车辆时,HV 蓄电池向带转换器的逆变器总成供电,以驱动 MG1 和 MG2。而辅助蓄电池(直流电压 12V)向电气部件(如前照灯、音响设备以及各 ECU)供电。为控制车辆,HV 蓄电池和辅助蓄电池都需要正常工作。

丰田 PRIUS(NHW11)、PRIUS(NHW20)、RX400h 和 HIGHLANDER HV 等混合动力汽车的 HV 蓄电池安装在后排座椅后方,采用密封镍氢(Ni-MH)蓄电池。PRIUS Plug-in Hybrid(插电式混合动力)(ZVW35)和 PRIUS + /PRIUS V 安装在中央地板控制台下方,采用锂离子蓄电池。

HV 蓄电池总成主要由 HV 蓄电池(蓄电池模块)、SMR(系统主继电器)、HV 蓄电池冷却鼓风机、蓄电池智能单元和维修塞连接器组成,如图 1-18 所示。

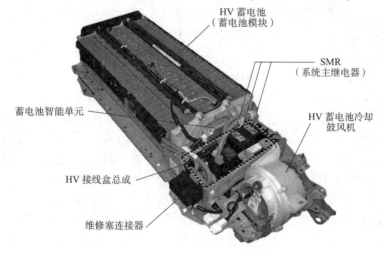

HV 蓄电池

图 1-18 HV(镍氢)蓄电池总成

(1)SMR。SMR 是根据来自动力管理控制 ECU(HV CPU)的信号连接和断开 HV 蓄电池和电源电缆的继电器,安装在 HV 接线盒总成上。

(2)冷却鼓风机。HV 蓄电池充电和放电过程中会产生热量,如果蓄电池温度过高,性能将下降。冷却鼓风机采用高输出功率无刷电动机,从车厢吸入空气并将空气传送至 HV 蓄电池以使 HV 蓄电池保持适当的温度。内置于 HV 蓄电池冷却鼓风机的电动机控制器根据来自动力管理控制 ECU(HV CPU)的信号控制鼓风机电动机。

(3)蓄电池智能单元。安装在蓄电池模块和 HV 接线盒总成之间的蓄电池智能单元主要负责接收所需的 HV 蓄电池信号(电压、电流和温度)以控制混合动力系统并计算 HV 蓄电池的荷电状态(State of Charge,SOC);提供的泄漏检测电路,用于检测 HV 蓄电池或高压电路的任何漏电情况;检测并传输鼓风机转速反馈电压(用于进行冷却系统控制)至动力管理控制 ECU(HV CPU);将以上信号转换成数字信号,并通过串行通信将其传输至动力管理控制 ECU(HV CPU),与之进行通信。

(4)维修塞连接器。维修塞连接器连接至蓄电池模块电路的中部,有高压电路的主熔断丝(125A)位于维修塞连接器内,用于手动切断高压电路,确保了维修期间的安全性。把手解锁时,互锁开关关闭且动力管理控制ECU(HV CPU)切断系统主继电器。为确保安全,拆下维修塞连接器前务必将电源开关置于OFF位置。

2. 带转换器的逆变器总成

如图1-19所示,带转换器的逆变器总成安装在发动机舱的左前侧,主要由以下4个零部件组成。

图1-19 带转换器的逆变器总成

(1) MG ECU:控制逆变器和增压转换器。

(2) 逆变器:将直流电转换为用于驱动MG1和MG2的三相交流电,并将MG1和MG2产生的交流电转换为直流电以对HV蓄电池充电。

(3) 增压转换器:将HV蓄电池(直流电压201.6V)的电压最高升至直流电压650V,并将其输出至逆变器。也可以降低MG1和MG2产生的电压,以对HV蓄电池充电。

(4) DC/DC转换器:将HV蓄电池(直流电压201.6V)的电压降至直流电压14V(用于电气零部件供电并对辅助蓄电池再充电)。

3. 混合动力传动桥

以丰田P410混合动力传动桥为例,该传动桥具有三轴结构,由MG2、MG1、复合齿轮装置、传动桥阻尼器、中间轴齿轮、减速齿轮、差速器齿轮机构和油泵组成。复合齿轮装置、传动桥阻尼器、油泵、MG1和MG2连接至输入轴。中间轴从动齿轮和减速主动齿轮连接至第二轴。减速从动齿轮和差速器齿轮机构连接至第三轴。如图1-20所示,其中发电机(MG1)作为起动机起动发动机,并可利用发动机动力发电。电动机(MG2)主要用来补充发动机动力以提高行驶性能,在使用电动机驱动车辆时,系统自行利用MG2驱动车辆,此外,其在车辆减速时可利用再生制动发电。

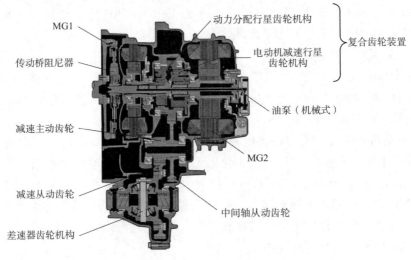

图1-20 丰田P410混合动力传动桥

新能源汽车认知 模块一

4. 动力管理控制 ECU(HV CPU)

用于控制混合动力系统的 ECU(HV CPU)与动力管理控制 ECU 集成为一体,接收关于驾驶人输入以及来自各传感器和其他 ECU 的车辆行驶状况的信息,并根据此信息计算所需的 MG2 力矩和发动机功率输出以控制驱动力。动力管理控制系统如图 1-21 所示。

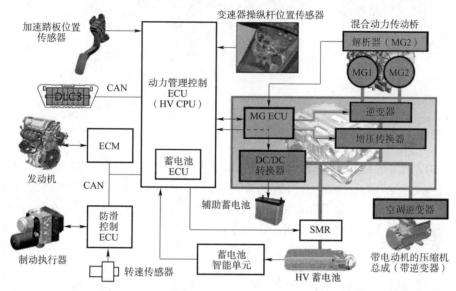

图 1-21 动力管理控制系统示意图

5. 发动机

混合动力系统中的发动机产生动力以驱动车辆并发电。2ZR-FXE 是为混合动力系统设计的高效阿特金森循环发动机,如图 1-22 所示。2ZR-FXE 中的"X"表示使用阿特金森循环,即该车辆发动机的原理。阿特金森循环是一个热循环,可使特定机构的压缩行程和做功行程彼此单独设定。通过使做功行程长于压缩行程并在充分降低燃烧后的压力后排放气体,可获取燃烧过程中产生的大部分可用能量(高热效率)。

现有发动机中,压缩行程量和做功行程量几乎相同。由于存在该情况,因此,提高膨胀比的同时也将提高压缩比,从而不可避免出现发动机爆震。这也限制了提高膨胀比所做的任何努力。为处理该情况,应

图 1-22 2ZR-FXE 发动机

在压缩行程初期延迟关闭进气门,并使吸入汽缸的部分空气返回至进气歧管。这可有效地延迟压缩,并在不提高实际压缩比的情况下获得较高的膨胀比。其中,膨胀比=(做功行程量+燃烧室容积)/燃烧室容积,压缩比=(压缩行程量+燃烧室容积)/燃烧室容积。

6. 带电动机的压缩机总成(带逆变器)

空调的电动压缩机利用来自 HV 蓄电池的电源来工作,而不采用由发动机驱动压缩机的传统方法,因此,无须发动机驱动压缩机,进而减小了油耗。压缩机安装在发动机附近,同常规空调压缩机的位置相同。带电动机的压缩机总成由涡旋式压缩机、无刷电动机、空调逆变器、机油分离器和轴组成,如图 1-23 所示。其电动机使用 HV 蓄电池(直流电压 201.6V)

作为电源,电动机通过空调逆变器保持目标转速。

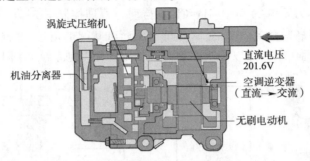

图1-23 带电动机的ES14涡旋式压缩机总成(集成空调逆变器)

(三)混合动力汽车的特点

混合动力汽车分类方式多样,各种类型的系统也各有优缺点,在目前的技术水平和应用条件下,混合动力汽车既有燃料发动机动力性好、反应快和工作时间长的优点,又有电动机无污染和低噪声的好处,达到了发动机和电动机的最佳匹配。总体而言,混合动力汽车与传统发动机相比还是比较节约燃油的,主要的原因分析如下。

首先,混合动力汽车可以在汽车停车等候或者低速滑行等工况下关闭发动机,以节约燃油。

其次,混合动力汽车的电力驱动部分中的电动机能够作为发电机工作,当汽车减速滑行或者紧急制动时,可以将部分制动能量通过发电机回收转化为电能存入蓄电池,进一步提高了汽车的燃油经济性。

最后,混合动力汽车的蓄电池在汽车一般行驶中能够吸收、储存电能,而在需要大功率的时候能提供电能,这种补偿作用减缓了发动机的工况波动,使得混合动力驱动系统能够使用较小功率发动机,并使发动机的工作点处于高效率的工作区域内。

因此,混合动力汽车的特点主要有以下几个方面。

(1)与传统汽车相比,采用混合动力后可按平均使用的功率来确定发动机的最大功率,此时处于油耗低、污染少的最优工况下工作。需要大功率而发动机功率不足时,由电动机来补充;负载小时,富余的功率可发电给蓄电池充电,由于发动机可持续工作,蓄电池又可以不断得到充电,故其续驶里程与普通汽车接近。

(2)采用小排量发动机,且发动机主要工作在最佳工况点附近,燃烧充分,燃油消耗降低,能量转换效率提高,排放清洁;回收制动、下坡时的能量,进一步降低燃油消耗;起步无怠速(怠速停机);由于发动机和电动机动力可互补,例如在繁华市区等拥堵路段,可关停发动机,由电动机单独驱动,实现"零排放"。

(3)不需要外部充电系统,一次充电续驶里程、基础设施等问题得到解决。可以利用现有的加油站加油,不必再投资。

(4)蓄电池组的小型化使制造成本和自身质量低于电动汽车。而且有了发动机以后,可以十分方便地解决耗能大的空调、取暖、除霜等纯电动汽车遇到的难题。

(5)可让蓄电池保持在良好的工作状态,不发生过充、过放,延长其使用寿命,降低成本。

(6)混合动力汽车的缺点主要是,由于有发动机和电动机两套动力,再加上两套动力的管理控制系统,结构复杂,技术难度大,价格较高。

 技能实训

(一)纯电动汽车结构认知

1. 准备工作

根据工具设备检查方法和要求,判断所需工具设备是否正常,见表1-1。

工具设备检查表　　　　　　　　　　　　　　　　　　　　表1-1

序号	工 具 名 称	是 否 正 常	序号	工 具 名 称	是 否 正 常
1		是□否□	5		是□否□
2		是□否□	6		是□否□
3		是□否□	7		是□否□
4		是□否□	8		是□否□

2. 技术要求与注意事项

查阅资料,归纳总结纯电动汽车安全防护及部件指认工作任务的安全注意事项。

(1)所有高压线束和连接器均为橙色。

(2)高压安全方式包括两点:"高压电路绝缘"和"切断高压电路"。

(3)涉及实车接触的环节注意做好5S管理及安全防护。

(4)未经教师允许不得私自起动车辆。

(5)接触纯电动车辆时可能发生这些伤害:

①触摸高压零部件时可能触电。

②绝缘故障导致电气设备的非高压区域产生高压。

③非绝缘工具可导致高压电缆短路,这会形成电弧导致灼伤。

3. 操作步骤

(1)安全防护。

将安全工作指示牌放置在醒目位置,如车辆顶部。维修高压电路时佩戴绝缘手套以防止触电。使用绝缘手套前,务必检查手套的耐高压等级,并执行以下程序检查其是否潮湿、破裂、磨破和存在其他类型的损坏,如图1-24所示。

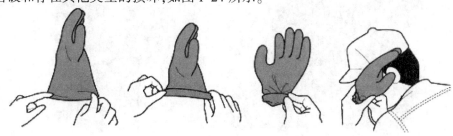

图1-24　绝缘手套检查

①将手套侧放。
②将开口向上卷2~3次。
③对折开口以将其封死。
④确保没有空气泄漏。
(2)部件指认。
完成各项安全防护工作,进行纯电动汽车各部件指认及作用说明,并回答下列问题。
①请简述纯电动汽车的概念。北汽EV200纯电动汽车百公里耗电量是多少？能否用220V民用电源充电？一般情况下续驶里程是多少千米？

答：纯电动汽车是指_____。

其特点是：_____。

百公里耗电量_____,使用电源_____V,续驶里程_____km。

②请将图1-25中各部件的名称写在相应位置,并说明其功用。

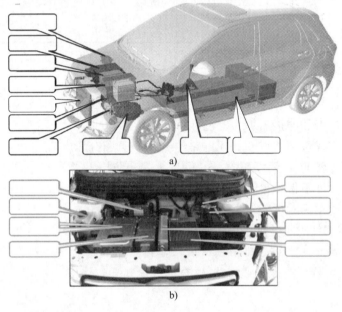

图1-25 汽车部件

③DC/DC变换器（图1-26）的安装位置是_____,其主要功能是_____。

图1-26 DC/DC变换器

4. 评价与反馈

(1) 小组评价与反馈(表1-2)。

小组评价与反馈表　　　　　　　　　　　表1-2

序　号	内　容	评　定　等　级			
1	准备工作	□优秀	□良好	□中等	□不及格
2	车辆防护	□优秀	□良好	□中等	□不及格
3	工具设备检查	□优秀	□良好	□中等	□不及格
4	基本信息填写	□优秀	□良好	□中等	□不及格
5	系统认知	□优秀	□良好	□中等	□不及格

(2) 教师评价与反馈(表1-3)。

教师评价与反馈表　　　　　　　　　　　表1-3

序　号	内　容	评　定　等　级			
1	手册使用	□优秀	□良好	□中等	□不及格
2	工具使用	□优秀	□良好	□中等	□不及格
3	技术规范	□优秀	□良好	□中等	□不及格
4	作业数据记录	□优秀	□良好	□中等	□不及格
5	操作素养(5S、态度)	□优秀	□良好	□中等	□不及格

(3) 技能考核标准(表1-4)。

技能考核标准表　　　　　　　　　　　表1-4

序号	项　目	操作内容	规定分	评分标准	得分
1	数据记录	基本信息数据记录 作业过程数据记录	30分	记录数据准确、清楚	
2	操作前准备	维修手册查询 工作前的准备	20分	资料查询准确 防护准备合理到位	
3	设备使用规范	举升器使用规范 检查用手电照明	15分	举升器使用正确 防护正确	
4	部件认知检查	系统认知	35分	动力蓄电池 驱动电机 旋变传感器 电机控制器 高压控制盒 连接高压线束 其他	
	总分		100分		

(二) 混合动力汽车结构认知及高压电路切断

1. 准备工作

(1) 熟悉相关的安全常识和理论知识。

（2）准备工具：包括安全工作指示牌、绝缘工具、绝缘手套、绝缘检测仪和维修手册等。

（3）准备相关的车辆及教具。

2. 技术要求与注意事项

（1）注意做好 5S 管理及安全防护。

（2）阅读维修手册，明确切断高压电路的正确操作程序（如何拆卸维修塞把手），并严格执行。

（3）接触电动车辆时可能发生这些伤害：

①触摸高压零部件时可能触电。

②绝缘故障导致电气设备的非高压区域产生高压。

③非绝缘工具可导致高压电缆短路，这会形成电弧导致灼伤。

3. 操作步骤

（1）在醒目位置（车顶上）放置安全工作指示牌。

（2）检查并确认车辆处于 IG-OFF 状态，并将智能钥匙移至检测区域外。

（3）断开辅助蓄电池负极端子。

（4）检查绝缘手套是否有破损并佩戴绝缘手套。

（5）按照图 1-27 所示顺序拆下维修塞把手。

a）初始状态　　　　　b）沿箭头方向拉起控制杆　　　　　c）提起控制杆

图 1-27　维修塞连接器拆除步骤

（6）等待 10min，然后拆下逆变器端子盖，如图 1-28 所示。

注意：互锁连接器固定在逆变器端子盖的背面，因此，确保从逆变器上拆下端子盖时将其垂直向上拉。

（7）检查并确认高压线路的电压读数为 0V，如图 1-29 所示。

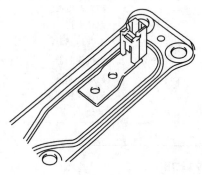

图 1-28　逆变器端子盖及互锁连接器　　　图 1-29　电压确认端子

（8）混合动力汽车各部件指认及作用说明。

完成各项安全防护工作,就车进行混合动力汽车各部件指认及作用说明,并完成下列填空。

检查实际车辆上储液罐的位置,对照图1-30,并回答以下问题。

图1-30 1号、2号储液罐位置

①上述两个储液罐用于什么系统?

冷却液1号储液罐	冷却液2号储液罐

②为什么混合动力汽车有两条冷却通道?

检查实际车辆上的注油螺栓和放油螺栓的位置,并于图1-31中填写空白栏。

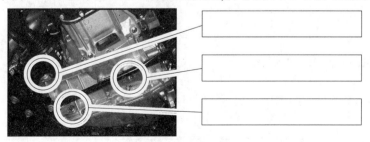

图1-31 螺塞的位置

4. 评价与反馈

（1）小组评价与反馈（表1-5）。

小组评价与反馈表　　　　　　　　　　　　　　　　　表1-5

序　号	内　　容	评　定　等　级			
1	准备工作	□优秀	□良好	□中等	□不及格
2	车辆防护	□优秀	□良好	□中等	□不及格
3	工具设备检查	□优秀	□良好	□中等	□不及格
4	基本信息填写	□优秀	□良好	□中等	□不及格
5	系统认知	□优秀	□良好	□中等	□不及格

（2）教师评价与反馈（表1-6）。

教师评价与反馈表　　　　　　　　　　　　　　　　　表1-6

序　号	内　　容	评　定　等　级			
1	手册使用	□优秀	□良好	□中等	□不及格
2	工具使用	□优秀	□良好	□中等	□不及格
3	技术规范	□优秀	□良好	□中等	□不及格
4	作业数据记录	□优秀	□良好	□中等	□不及格
5	操作素养（5S管理、态度）	□优秀	□良好	□中等	□不及格

（3）技能考核标准（表1-7）。

技能考核标准表　　　　　　　　　　　　　　　　　　表1-7

序　号	项　目	操作内容	规定分	评分标准	得分
1	数据记录	基本信息数据记录 作业过程数据记录	30分	记录数据准确、清楚	
2	操作前准备	维修手册查询 工作前的准备	20分	资料查询准确 防护准备合理到位	
3	安全七步骤	按照安全七步骤进行切断高压电路工作	15分	防护正确 工具设备选用及操作正确	
4	部件认知检查	系统认知	35分	动力蓄电池 混合传动桥 发动机 带转换器的逆变器总成 HV ECU 辅助蓄电池 连接高压线束 其他	
	总分		100分		

思考与练习

（一）单项选择题

1. 新能源汽车高压下电成功的标志是（　　）。
   A. 拔出维修开关
   B. 拔出维修开关5min以后
   C. 蓄电池包高压母线电压小于1V
   D. 拔下维修动力蓄电池母线

2. DC/DC变换器也称为（　　）。
   A. 直流斩波器　　B. 整流器　　C. 逆变器　　D. 变压器

3. DC/AC变换器也称为（　　）。
   A. 直流斩波器　　B. 整流器　　C. 逆变器　　D. 变压器

4. （　　）的功能是将直流电变为另一固定电压或可调电压的直流电。
   A. AC/AC电路
   B. AC/DC电路
   C. DC/DC电路
   D. DC/AC电路

5. （　　）是应用电力电子器件将直流电转换成交流电的一种变流装置。
   A. AC/AC电路
   B. AC/DC电路
   C. DC/DC电路
   D. DC/AC电路

6. 以特斯拉为代表的纯电动汽车常使用的驱动电机为（　　）。
   A. 无刷直流电机
   B. 交流感应电机
   C. 永磁同步电机
   D. 开关磁阻电机

7. 国内新能源汽车常用的驱动电机为（　　）。
   A. 无刷直流电机　B. 交流感应电机　C. 永磁同步电机　D. 开关磁阻电机

8. 动力蓄电池管理器的主要功能有（　　）。
   A. 充放电管理　　B. 电机管理　　C. 网关管理　　D. 防盗管理

9. 电机控制系统的控制单元是指（　　）。
   A. BMS　　　　　B. VCU　　　　　C. MCU　　　　　D. TCU

10. 纯电动汽车四大电器件中，将电能转换成机械能的装置是（　　）。
    A. 电机　　　　　B. 充电器　　　　C. 控制器　　　　D. 蓄电池

11. 纯电动汽车倒挡的实现是靠（　　）。
    A. 倒挡惰轮　　B. 电机反转　　C. 差速器　　D. 行星齿轮组

12. 纯电动汽车在进行高压部件检修时，应先断开低压蓄电池负极（　　）以上，才能正常操作。
    A. 1s　　　　　B. 2s　　　　　C. 3s　　　　　D. 5min

13. 新能源汽车"小三电"不包括（　　）。
    A. PTC　　　　B. 车载充电机　　C. DC-DC　　　D. 发电机

(二) 多项选择题

1. 以下是混合动力汽车 HEV 优点的是(　　)。
   A. 动力系统复杂　　B. 排放低　　C. 噪声小　　D. 可回收制动能量
2. 以下属于纯电动汽车高压器件的是(　　)。
   A. 动力蓄电池　　B. 电机　　C. 电机控制器　　D. 整车控制器
3. 对于整车控制器 VCU 的说法,不正确的是(　　)。
   A. 实现对支路用电器的保护及切断
   B. 通过化学反应把化学能直接转变成低压直流电能的装置
   C. 使用的是 340V 的直流高压电
   D. 使用的是 12V 的直流低压电
4. 以下是电机控制系统部件的是(　　)。
   A. 电机控制器(MCU)、驱动电动机(DM)
   B. 驱动桥、高压配电、低压控制线路
   C. 转速、温度传感器
   D. PTC
5. 关于纯电动汽车驱动电机,以下说法不正确的是(　　)。
   A. 由转子和定子两大部分构成　　B. 转子一定是永磁体
   C. 定子三相绕组的误差在 5Ω 内　　D. 电机温度不影响电机性能

(三) 判断题

1. 电动机在纯电动汽车中要求承担着电动机和发电机的双重功能。　　(　　)
2. 阿特金森循环是指压缩比更高的工作循环。　　(　　)
3. 纯电动汽车与燃油汽车的主要区别在于它们的驱动系统不同。　　(　　)
4. 充电控制器是把电网供电制式转化为蓄电池充电要求的制式。　　(　　)
5. 逆变器用于将三相交流电转化为直流电。　　(　　)
6. 混合动力传动桥可在车辆减速时利用再生制动发电。　　(　　)

(四) 简答题

1. 请简述新能源汽车与普通汽车的主要区别。
2. 新能源汽车有哪些类型?
3. 混合动力汽车按照动力总成配置和部件的组合方式分哪几类?
4. 为什么要采用阿特金森发动机技术?
5. 混合动力汽车有哪些特点?
6. 请对比各种类型新能源汽车的优缺点。
7. 请简述纯电动汽车的结构组成。
8. 检修新能源汽车时有哪些安全防护措施?
9. 新能源纯电动汽车对于动力蓄电池的要求主要有哪些?

模块二　新能源汽车电机基础介绍

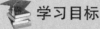学习目标

★ **知识目标**

1. 掌握电机基本电磁原理；
2. 掌握电机基本电磁定律；
3. 了解铁磁材料；
4. 了解电机的制造材料。

★ **技能目标**

1. 掌握电机基本电磁定律；
2. 熟练应用左手定则和右手定则。

★ **素养目标**

1. 能保持积极学习、认真工作的态度；
2. 培养学生逻辑思维能力；
3. 培养学生思辨能力，对科学产生兴趣。

建议课时：12 课时。

某新能源企业需对实习生进行岗前培训，请你协助培训师就新能源汽车电机基础知识进行培训。

在电机内建立进行机电能量转换所必需的气隙磁场有两种方法。一种是在电机绕组内通电流产生磁场，这种方法既需要有专门的绕组和相应的装置，又需要不断供给能量以维持电流流动，例如普通的直流电机和同步电机。另一种是由永磁体来产生磁场，这种方法既可简化电机结构，又可节约能量。由永磁体产生磁场的电机就是永磁电机。

1820年，汉斯·克里斯蒂安·奥斯特在做物理实验的过程中，实验器材有发电堆和一些电线，当他通电的时候，出乎意料的事情发生了，电线旁边的指南针发生了偏转。之后他重复做了许多次这个实验，发现每次指南针的指针都会偏转。这个现象让他感到疑惑，难道是电流导致指针偏转吗？随后奥斯特进行了更详尽的研究，发现载流导线周围存在磁场。

一、磁场

电和磁是紧密相关的,电流能产生磁场,而变动的磁场或导体切割磁感线又会产生电动势。没有磁路知识是不可能学懂电路的,例如电机、变压器、互感器、接触器和磁放大器等的工作原理都与磁密切相关。

磁体的周围存在着磁场,磁体间的相互作用就是通过它们各自的磁场发生的。磁场的基本性质是它对放入其中的磁体产生磁力的作用。在磁场的某一点,小磁针静止时北极所指的方向规定为该点的磁场方向。

(一) 磁感线

磁感线是在磁场中画出一些有方向的曲线,使曲线上每一点的切线方向都跟这点的磁场的方向一致。磁感线有以下特性:

磁感线实际并不存在,是为了形象地描述磁场而假想的物理模型。

磁体周围的磁感线都是从 N 极出发回到 S 极,在磁体内部由 S 极到 N 极,是闭合曲线。

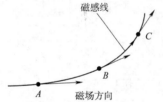

图 2-1 磁感线方向表示

磁感线上所标箭头表示该点的磁场方向,磁感线既可以是带箭头的曲线,也可以是带箭头的直线。

磁场中磁感线的疏密程度大致表示磁场的强弱,越靠近磁极的地方磁感线越密。

磁感线在空间分布是立体的。

磁感线方向表示如图 2-1 所示。

磁感应强度

(二) 磁感应强度

描述某点磁场强弱和方向的物理量称为磁感应强度。它不但有大小而且有方向,是一个矢量。它的方向与该点的磁感线方向一致。环形线圈内中心线上 P 点的磁感应强度为

$$B = \mu \frac{Iw}{2\pi r} = \mu \frac{Iw}{l} \tag{2-1}$$

式中:μ——表征磁路介质对磁场影响的物理量,称为磁导率;

I——电流大小;

w——线圈匝数;

r——P 点到圆心的距离;

l——磁路的平均长度。

(三) 磁通量

在匀强磁场中有一个与磁场方向垂直的平面,磁场的磁感应强度为 B,平面的面积为 S,我们把磁感应强度 B 与面积 S 的乘积,称为穿过这个面的磁通量,用 Φ 表示,则有

$$\Phi = BS \tag{2-2}$$

磁通量的单位是韦伯,简称韦,用符号 Wb 表示,$1\text{Wb} = 1\text{T} \cdot \text{m}^2$。

穿过闭合电路的磁通量是否发生变化可通过观察穿过闭合电路的磁感线条数进行判断,穿过的条数越多,磁通量越大,如图2-2所示。

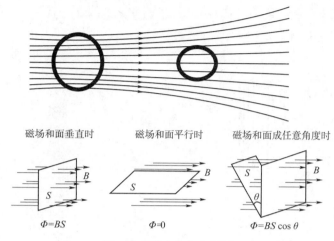

图2-2 闭合电路的磁感线条

(四)磁场强度

为了排除介质对磁场的影响,使计算更加方便,引入磁场强度这个物理量,其定义为

$$H = \frac{B}{\mu} \tag{2-3}$$

环形线圈中 P 点的磁场强度为

$$H = \frac{B}{\mu} = \frac{Iw}{l} \tag{2-4}$$

(五)直流磁导率

铁磁材料在外磁场的作用下,呈现出很强的磁性现象,叫作铁磁材料的磁化。

在铁芯被直流磁化的情况下应使用直流磁导率 d。如图 2-3 所示,P 点的直流磁导率为

$$\mu_d = \frac{B_d}{H_d} \tag{2-5}$$

实际上,μ_d 就是线段 OP 的斜率,即 $\tan\alpha_d = B_d/H_d = \mu_d$,在磁化曲线的 Oa 段,μ_d 可以认为是常数,以后 μ_d 随 H 的增加而减小,可见铁磁物质的直流磁导率不是常数。

(六)交流磁导率

磁放大器的铁芯处于交直流混合磁化的状态下,要反映磁场强度交流成分对磁感应强度交流成分的影响,必须使用交流磁导率 μ_a。在磁场强度的直流成分 H_d 上叠加着一个交流成分 $\Delta H = H'' - H'$,与此相应在磁感应强度的直流成分 B_d 上叠加着一个交流成分 $\Delta B = B'' - B'$,铁芯工作在 P' 点和 P'' 点之间。P 点的交流磁导率为

$$\mu_a = \frac{\Delta B}{\Delta H} \tag{2-6}$$

μ_a 即线段 $P'P''$ 的斜率 $\tan\alpha_a = \Delta B/\Delta H = \mu_a$。当磁场强度的交流成分 ΔH 越来越小时,线

段 $P'P''$ 也就越来越靠近磁化曲线在 P 点的切线,因此,磁化曲线某点的交流磁导率 μ_a 可定义为该点切线的斜率。

铁磁物质交流磁导率 μ_a 随直流磁场强度 H_d 的变化曲线 $\mu_a = f(H_d)$ 如图 2-4 所示。

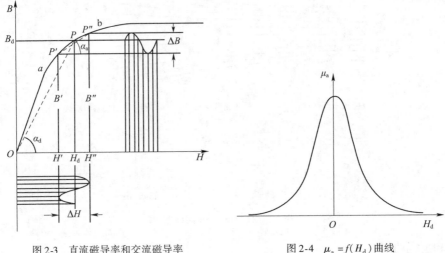

图 2-3 直流磁导率和交流磁导率　　　　图 2-4 $\mu_a = f(H_d)$ 曲线

二、磁路

电机中磁场在空间的分布十分复杂,很难得出一般性的分析设计规律。在工程上可以将磁场化为集中参数的问题,即采用所谓磁路的方法来分析求解。

磁路可理解为磁通量所经过的路径,与电路是电流所通过的路径的概念相类似。图 2-5 为一个绕有 N 匝线圈的单框铁芯磁路的示意图。当线圈中通过电流 i 时,将在周围空间产生磁场。由于铁芯的磁导率比周围空气的磁导率大得多,因此,绝大多数磁通量从铁芯流通,称为主磁通量 Φ;还有少部分磁通量经空气闭合,称为漏磁通量 Φ_σ。主磁通量、漏磁通量所通过的路径分别称为主磁路和漏磁路。若磁通是由直流电产生的,磁路中的磁通量不随时间而变化,这种磁路称为直流磁路;若由交流电产生磁通量,磁路中的磁通量将随时间而变化,则将这种磁路称为交流磁路。

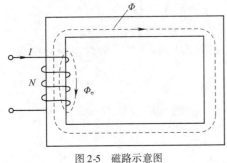

图 2-5 磁路示意图

(一) 相关定律

1. 全电流定律

设空间中有 n 根载流导体,各导体中流过的电流分别为 $I_1, I_2, \cdots, I_n$,则沿任何可包含所有导体的闭合路径 l,磁场强度 H 的线积分等于该闭合回路所包围的导体电流的代数和,即

$$\oint_l H \cdot dl = \sum_{i=1}^{n} I_i \tag{2-7}$$

全电流定律,也称为安培环路定律。若导体电流方向与积分路径方向符合右手螺旋定

则,如图2-6所示,则电流取正值,反之为负值。图2-7所示为全电流定律示意图,图中的闭合曲线 l 和 l' 路径不同,但包围的通电导体相同,因此,其线积分的结果都等于 I_1、I_2 和 I_3 的代数和,按右手螺旋定则,I_1 和 I_3 取正值、I_2 取负值,即

$$\oint_l H \cdot dl = \sum_{i=1}^{3} I_i = I_1 - I_2 + I_3 \tag{2-8}$$

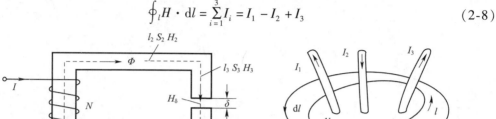

图2-6　安培环路定律

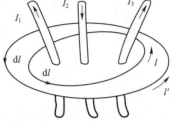

图2-7　全电流定律示意图

2. 安培定则

(1)通电直导体产生的磁场。一根直导体通入电流后,导体周围将产生磁场,其磁感线是以导体为圆心的同心圆,方向与电流的方向有关,可用右手定则判断:右手握住直导体,用大拇指指向电流方向,则其余四指弯曲的方向就是磁场的方向,如图2-8所示。

(2)通电线圈产生的磁场。把导体绕成螺旋状并且通入电流,也能产生磁场,通电线圈相当于一块条形永久磁铁的磁场;通电导体的磁场强弱不仅与电流的大小有关,而且与线圈匝数有关;通电线圈磁场方向也可以用右手定则确定:右手握住线圈,用弯曲的四指指向电流方向,则拇指所指的方向就是产生磁场 N 极的方向,如图2-9所示。

图2-8　右手安培定则

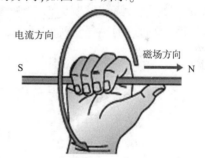

图2-9　右手定则

(3)电流磁场强度。电流磁场的强度与通入电流的大小及线圈的匝数有关:线圈匝数一定时,通入的电流越大,电流磁场的强度越强;通入电流大小一定时,外形相同的线圈,匝数越多,电流磁场的强度越强。

3. 磁路的欧姆定律

图2-10所示的磁路中,闭合铁芯平均长度为 l,主磁路铁芯的截面积为 S,如忽略漏磁通量 Φ_σ,则磁通量全经主磁路流通,主磁路中的磁感应强度为

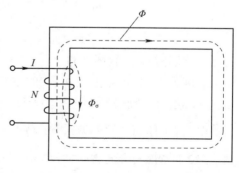

图2-10　磁路示意图

B，如果在磁路 l 上各处的磁场强度 H 和横截面积 S 均处处相等，则主磁通量 $\Phi = BS$；而磁场强度 H 等于磁感应强度除以主磁路（铁芯）的磁导率，即 $H = B/\mu$，则根据全电流定律有

$$\oint_l H \cdot \mathrm{d}l = Hl = NI \tag{2-9}$$

可得

$$\varphi = \int_S B \mathrm{d}S = B \cdot S = \mu HS = \mu \frac{NI}{l} S = \frac{F_\mathrm{m}}{R_\mathrm{m}} \tag{2-10}$$

式中：F_m——磁动势；

$\dfrac{1}{R}$——磁导；

R_m——磁阻。

磁动势等于套着该路径的线圈中电流 I 和线圈匝数 N 的乘积 NI，是磁路中的一个物理量，相当于电路中的电动势，是磁路中产生磁通量的根源。

磁导是衡量物体导磁能力的物理量，是磁路的固有特性。

磁阻是磁通量通过磁路时所受到的阻碍作用，用 R_m 表示。磁路中磁阻的大小与磁路的长度 l 成正比，与磁路的横截面积 S 成反比，并与组成磁路的材料性质有关，且 $R_\mathrm{m} = l/(\mu S)$。

磁路欧姆定律表明：磁路中的磁通量等于作用于磁路上的磁动势与磁导的乘积，或等于磁动势除以磁阻。这种关系与电路欧姆定律相一致，磁动势与电动势、磁通量与电流、磁阻与电阻、磁导与电导各自保持对应关系。

4. 基尔霍夫第一定律

当磁路比较复杂时，如图 2-11 所示的有分支的磁路，仅用磁路欧姆定律无法解决计算问题。对这种磁路进行计算时，应根据材料、横截面积的不同将磁路分成若干段。每段磁路的材料、横截面积及通过的磁通量都相同，磁感应强度值相同，磁场强度值也相同。

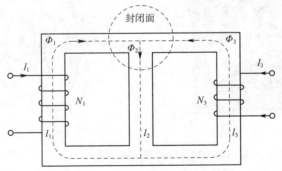

图 2-11　有分支磁路示意图

忽略漏磁通量时，图 2-11 所示的主磁路可分为以下 3 段。左侧铁芯段：横截面积为 A_1，平均长度为 l_1，主磁通量为 Φ_1；中间铁芯段：横截面积为 A_2，平均长度为 l_2，主磁通量为 Φ_2；右侧铁芯段：横截面积为 A_3，平均长度为 l_3，主磁通量为 Φ_3。在主磁通量 Φ_1、Φ_2 和 Φ_3 的汇合处作一个封闭面 S，可称为磁路的节点。根据磁通量的连续性原理 $\int SB \cdot \mathrm{d}S = 0$，可得 $\sum \Phi = 0$，对应图 2-11 的磁通量正方向，可得 $\Phi_1 + \Phi_3 = \Phi_2$ 即进入（或穿出）任一封闭曲面的总磁通量的代数和恒等于零，或穿出任一封闭曲面的磁通量恒等于进入该曲面的磁通量。这与电

路的基尔霍夫电流定律相似,故称为磁路基尔霍夫第一定律。

5. 基尔霍夫第二定律

仍以图 2-11 为例,忽略漏磁通量,左侧、中间铁芯的磁场强度分别为 H_1 和 H_2,其磁路长度分别为 l_1 和 l_2,根据全电流定律,可得

$$\oint_l H \cdot dl = NI = F_1 = H_1 l_1 + H_2 l_2 \tag{2-11}$$

因为 $B = \dfrac{\Phi}{A}$

$$H_1 = \dfrac{B_1}{\mu_1} = \dfrac{\Phi_1}{\mu_1 A_1}$$

可得

$$H_2 = \dfrac{B_2}{\mu_2} = \dfrac{\Phi_2}{\mu_2 A_2}$$

$$F_1 = \dfrac{\Phi_1 l_1}{\mu_1 A_1} + \dfrac{\Phi_2 l_2}{\mu_2 A_2} = \Phi_1 R_{m1} + \Phi_2 R_{m2} \tag{2-12}$$

式中:R_{m1}、R_{m2}——左侧和中间磁路的等效磁阻。

分析由左侧铁芯和右侧铁芯组成的闭合磁路,以顺时针方向为正方向,可得

$$F_1 - F_3 = N_1 I_1 - N_3 I_3 = H_1 l_1 - H_3 l_3 = \Phi_1 R_{m1} - \Phi_3 R_{m3} \tag{2-13}$$

式中:R_{m3}——右侧磁路的等效磁阻。

写成一般形式,可得

$$\sum F = \sum NI = \sum H_l = \sum \Phi R_m \tag{2-14}$$

这就是磁路基尔霍夫第二定律,与电路基尔霍夫第二定律在形式上相同。定义 H_l 为磁压降,磁路基尔霍夫第二定律表明:任一闭合磁路上磁动势的代数和恒等于该闭合磁路各段磁压降的代数和。

(二) 磁路和电路的类比

磁路和电路之间存在着一定的类比关系,见表 2-1。

磁路与电路的类比关系 表 2-1

磁 路	电 路
磁动势 F(安匝)	电动势 e(V)
磁通量 Φ(Wb)	电流 I(A)
磁阻 R_m(H^{-1})	电阻 R(Ω)
磁导 Λ(H)	电导 G(S)
磁压降 $H_l = \Phi R_m$	电压降 $U = IR$
磁路欧姆定律 $\Phi = \dfrac{F}{R_m}$	电路欧姆定律 $I = \dfrac{U}{R}$
磁路基尔霍夫第一定律 $\sum \Phi = 0$	电路基尔霍夫第一定律 $\sum I = 0$
磁路基尔霍夫第二定律 $\sum F = \sum H_l = \sum \Phi R_m$	电路基尔霍夫第二定律 $\sum E = \sum U = \sum IR$

磁路和电路的类比之处可帮助我们掌握磁路的基本概念和分析方法,但在实际分析计

算中仍有较大差别。其主要原因有：

(1) 一般导体的电阻率在一定温度下是常数，因此，电阻 R 也通常被当作常数。而铁磁材料的磁导率 μ 不是常数，其值随磁感应强度 B 的变化而变化，B 较高时，铁芯磁路会饱和，因此，磁阻 R_m 不是常数，与磁场强度 H 的关系为非线性关系，无法用数学表达式来直接描述。由于非线性的因素，磁路的计算要比电路计算复杂。

(2) 电路中的电流全在导体中通过，导体外没有任何电流。而在磁路中，除了大多数磁通量在铁芯中流过外，仍有一部分漏磁通量经铁芯外的非铁磁材料闭合。

(3) 只要电路中有电流流过，在电阻上就有损耗。而在磁路中，磁通量恒定的直流磁路中没有损耗，磁通量交变的交流磁路中有磁滞损耗和涡流损耗。

三、电磁感应定律和电磁力定律

(一) 感应电流的产生条件

产生感应电流的条件与磁场的变化有关系，也就是说，与磁感应强度和闭合导体回路包围的面积有关系。只要穿过闭合导体回路的磁通量发生变化，闭合导体回路中就会有感应电流产生。

(二) 感应电流的方向与大小

感应电流的方向与磁场变化有关，即感应电流产生的磁场总要阻碍引起感应电流的磁通量的变化，这就是楞次定律。为了方便记忆，我们将其简称为"来拒去留"(图 2-12)。

电磁感应

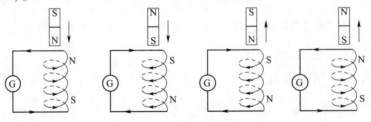

图 2-12 感应电流方向图

伸开右手，使拇指与其余四个手指垂直，并且都与手掌同在一个平面内；让磁感线从掌心进入，并使拇指指向导线运动的方向，这时四指所指的方向就是感应电流的方向。这就是判定导线切割磁感线时感应电流方向的右手定则(图 2-13)。

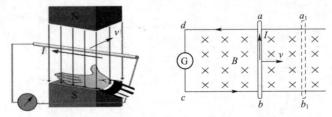

图 2-13 右手定则

闭合回路中的导体切割磁感线运动产生感应电流的方向与导体运动的方向、磁场的方向有关(图 2-14)。

导体切割磁感线运动　　　改变导体运动的方向，　　改变磁场方向，产生
产生感应电流　　　　　　产生的感应电流方向也　　的感应电流方向也发生
　　　　　　　　　　　　发生了改变　　　　　　　了改变

图 2-14　闭合回路切割磁感线电流方向变化图

闭合回路中的导体切割磁感线运动产生感应电流的大小与导体运动的速度、磁场的强度有关(图 2-15)。

改变导体运动的速度，　　　改变磁场强度，磁场
速度越快，产生的感应　　　强度越强，产生的感应
电流越大　　　　　　　　　电流越大

图 2-15　闭合回路切割磁感线电流大小变化图

(三) 感应电动势

闭合电路中有感应电流,这个电路中就一定存在电动势,即感应电动势。闭合电路中感应电动势的大小,与穿过这一电路的磁通量的变化率成正比,这就是法拉第电磁感应定律。

$$E = \frac{\Delta \Phi}{\Delta t} \tag{2-15}$$

导线切割磁感线时的感应电动势为

$$\Delta \Phi = B\Delta S = Blv\Delta t \rightarrow E = Blv \tag{2-16}$$

导线运动方向与磁感线方向夹角为 θ 时,有

$$E = Blv\sin\theta \tag{2-17}$$

(四) 直线导体中的感应电势

长度为 l 的直线导体以 u 的速度作垂直于磁场方向的运动而切割磁力线时,在导体内将产生感应电势,这种现象称为电磁感应现象。感应电势 e 的大小与磁感应强度 B、导体切割磁力线的速度 u 以及导体的长度 l 成正比,即

$$e = Blu$$

电势的方向用右手定则确定。

(五) 线圈中的感应电势

当线圈所包围的面积中磁通量的大小或方向发生变化时,在线圈中就要产生感应电势,感应电势的大小与磁通量的变化率 $\frac{\Delta \Phi}{\Delta t}$ 成正比。单匝线圈的感应电势为

$$e = -\frac{\Delta \Phi}{\Delta t} \tag{2-18}$$

线圈的匝数为 w 的感应电势为

$$e = -w\frac{\Delta \Phi}{\Delta t} \tag{2-19}$$

感应电势的方向用楞次定律确定。由于习惯上把磁通量和感应电势的正方向规定为符合右手螺旋定则。当磁通量增加时($\mathrm{d}\Phi/\mathrm{d}t > 0$),根据楞次定律,感应电势的实际方向与正方向相反,应为负值;反之,当磁通量减少时($\mathrm{d}\Phi/\mathrm{d}t < 0$),感应电势应为正值。为了使公式不仅能表明感应电势的大小,而且还能反映它的方向,故在公式前置一负号。

(六) 自感电势

当流过线圈的电流发生变化时,穿过线圈的磁通量也要发生变化而产生感应电势。该电势是由线圈自身电流的变化而产生的,故称为自感电势。根据楞次定律,自感电势的方向总是阻碍电流(或磁通量)的变化。对于环形线圈中的磁通量 Φ 与电流 i 有如下关系,即 $\Phi = \mu\frac{\omega S}{l}i$。因此,自感电势

$$e_L = -\omega\frac{\Delta \Phi}{\Delta t} = -\mu\omega^2\frac{S}{l}\frac{\Delta i}{\Delta t} = -L\frac{\Delta i}{\Delta t} \tag{2-20}$$

(七) 自感系数

式(2-20)中的系数 L 称为线圈的自感系数,简称电感。

$$L = \mu\omega^2\frac{S}{l} \quad (\text{环形线圈}) \tag{2-21}$$

一个线圈的电感除了与线圈本身的结构有关之外,还与磁路的介质有关。空气的磁导率是常数,所以空气芯线圈的电感是一个常数,铁芯线圈的电感不是常数。

(八) 电磁感应定律

电磁感应定律也叫法拉第电磁感应定律,电磁感应现象是指因磁通量变化产生感应电动势的现象。例如,闭合电路的一部分导体在磁场里做切割磁感线的运动时,导体中就会产生电流,产生的电流称为感应电流,产生的电动势称为感应电动势。

(九) 电磁力定律

一根长度为 l、通过的电流为 I 的直线导体处于磁力线与导体垂直的磁场中将受到力的作用。这个力称为电磁力,其大小为

$$F = BlI \tag{2-22}$$

其方向用左手定则确定。

(十) RL 电路的励磁过程

图 2-16 所示是 RL 励磁电路。当开关 K 接通时,电感线圈 L 中流过励磁电流而产生磁

通量,同时产生自感电势 e_L,阻碍电流的变化。在励磁过程中,电流是逐渐增大的,所以自感电势的实际方向与电流的方向相反,起阻碍电流的作用,如图中虚线箭头所示。

励磁电流和自感电势都按指数规律变化,即

$$i = \frac{U}{R}(1 - e^{-\frac{Rt}{L}}) = I_w(1 - e^{-\frac{t}{\tau}}) \tag{2-23}$$

$$e_L = Ue^{-\frac{Rt}{L}} = Ue^{-\frac{t}{\tau}} \tag{2-24}$$

图 2-17 是根据上两式绘成的电感励磁曲线。

(1)励磁电流从零逐渐增长到稳态值 $I_w = U/R$。这说明电感中的电流是不可能跃变的。

(2)自感电势从初始值 U 衰减到零,这说明,一个电感只有在暂态下才有阻碍直流电的作用,在稳态下则可以毫无阻碍地通过直流电。

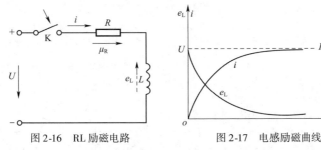

图 2-16 RL 励磁电路　　　　图 2-17 电感励磁曲线

(3) $\tau = L/R$ 是电感线圈的励磁时间常数。电感励磁的快慢决定于比值 L/R,它越大励磁越慢。

(4) RL 电路的消磁过程。

图 2-18 所示是 RL 消磁电路。在开关 K 断开时刻,由于直流电源 U 的作用在电感 L 中已经流过电流 I_0。开关 K 断开以后电感脱离电源,与电阻 R 接成闭合回路,电流逐渐减小,同时产生与电流方向相同的自感电势,企图阻止电流的减小。

消磁电流和自感电势也按指数规律变化。

$$i = I_0 e^{-\frac{Rt}{L}} = I_0 e^{-\frac{t}{\tau}} \tag{2-25}$$

$$e_L = u_R = I_0 R e^{-\frac{Rt}{L}} = E_0 e^{-\frac{t}{\tau}} \tag{2-26}$$

图 2-19 是根据上两式绘成的电感消磁曲线。

在电感的消磁过程中,电流和自感电势都是逐渐减小到零的,消磁的快慢决定于消磁时间常数 $\tau = L/R$,消磁电阻 R 越大,消磁过程越快,但是初始时刻的自感电势 $E_0 = I_2 R$ 也越大,这容易造成过电压而损害绝缘元件或硅元件。

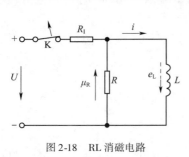 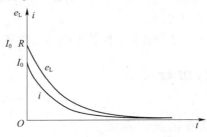

图 2-18 RL 消磁电路　　　　图 2-19 电感消磁曲线

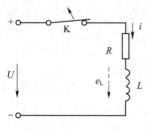

图 2-20 RL 电路断开

(5) RL 电路的断开。

图 2-20 是 RL 电路断开的情况。当开关 K 断开时,似乎电路中的电流立即从原有值变为零。实际上由于电感电流的减小立即产生一个自感电势,在开关的断开点上出现一个高电压将空气击穿,产生电弧,使电流继续流通,保证电流不发生跃变。以后随着自感电势的减小,开关断开距离的拉大,电流衰减为零,电路才真正断开。

若断开前的电感电流比较大,开关断开的速度又比较快(某些新型号的自动开关和熔断器的断开速度相当快),则自感电势相当大,不但使触头因强烈的电弧而灼伤,而且造成整个电路过电压。这种过电压是因操作而造成的,故称为操作过电压。

为了保证电路的安全运行,必须设法限制操作过电压,或对过电压很敏感的硅元件采取保护措施。图 2-21 所示为操作过电压的常用保护方法。

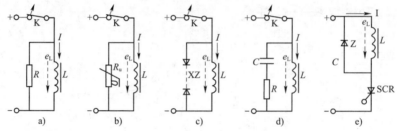

图 2-21 操作过电压的常用保护方法

图 2-21a) 所示是在电感线圈两端并联一个消磁电阻 R,把自感电势的初始值限制在 IR 之内。R 的阻值应适当选择,阻值过大则自感电势过高,阻值过小,不但浪费电能而且电感消磁过慢,会造成制动电磁铁或接触器等的延时释放。

图 2-21b) 所示是在电感线圈两端并联一个压敏电阻 R_U。压敏电阻的阻值随所加的电压而变化,在正常电压下呈高阻状态,过电压时阻值急剧减小,电压恢复正常时又自动恢复高阻状态,因此可以起过电压保护作用。

图 2-21c) 所示是在电感线圈两端并联一个串联反接的硒堆 XZ。硒堆本来是作整流用的,其反向电阻具有与压敏电阻相似的特性,故可以串联反接起来作过电压保护用。

图 2-21d) 所示是在电感线圈两端并联一个 RC 串联电路,习惯上称为阻容吸收电路。它是利用电容两端电压不可能突变的原理而起过电压保护作用的。R 是阻尼电阻,防止 L 与 C 并联而引起谐振。

图 2-21e) 所示是在电感线圈两端并联一只放电二极管 Z。正常工作时二极管上加反向电压而截止,晶闸管关断时自感电势使二极管加正向电压而导通,将自感电势短接。这只二极管的极性不可接错。

R_U、XZ 和 RC 并联在被保护电路或元件的两端,保护原理是一样的。

四、铁磁材料

(一) 铁磁物质的磁化

图 2-22 所示是一个匝数为 $2w$,磁路平均长度为 l,截面为 S 的铁芯线圈。在线圈未通电

流之前铁芯不带磁性,通电流以后就呈现磁性,而且磁感应强度比空气芯时大得多,这种现象称为铁磁物质被磁化。

(二)铁磁材料特性

电机和变压器都是以磁场为媒介,利用电磁感应来实现能量转换,所以其内部一定要有传导磁通量的磁路和传导电流的电路。为了增加磁路的导磁性能,使其在所需的磁感应强度下

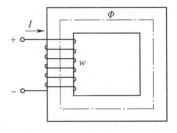

图2-22 铁芯线圈

具有较小的励磁电流,通常采用高导磁性能的硅钢片来制造电机和变压器的铁芯,而磁路的其他部分常采用导磁性能较高的钢板和铸钢制造。

1. 铁磁材料的磁导率

铁磁材料是具有高导磁性能的材料,包括铁、钴、镍及其合金等。铁磁材料与常用的导电材料(如铜和铝等)相比较,虽然其电阻率较大,但仍然是一种良好的导电材料。

高导磁性能是铁磁材料所特有的。非铁磁材料(如铜、铝、绝缘材料和空气等)的磁导率和真空中的磁导率 μ 接近,而铁磁材料的磁导率比 μ 大几百倍到几千倍。电机、变压器和电磁铁等中所使用的铁磁材料的磁导率为 μ 的 200~6000 倍,所以,在同样大小的励磁电流情况下,带铁芯线圈的磁通量比空芯线圈的磁通量大得多。

铁磁材料之所以具有高导磁性能,是由于铁磁材料内部具有许多强烈磁化了的自发磁化单元——磁畴。平时,由于磁畴是杂乱无章排列的,磁场相互抵消,所以对外不显示磁性。但在外界磁场的作用下,磁畴沿外界磁场的方向作有规则的排列,形成一个附加磁场叠加在外磁场上,使总磁场大大加强。

当外界磁场强度很小时,还不足以影响磁畴,此时随着磁场强度 H 的增大,磁感应强度 B 的增大缓慢,如图 2-23 中 Oa 段所示;当外界磁场强度达到一定数值后,磁畴开始沿外界磁场的方向作有规则的排列,因此,B 随着 H 的增大迅速增大,如图 2-23 中 ab 段所示;在 bc 段,磁畴在外界磁场作用下已逐渐排列整齐,故随 H 的增大,B 的增大速度减慢;在 c 点以后,因磁畴沿外界磁场方向已几乎排列整齐,故当 H 继续增大时,B 几乎不再增大(实际增大速度与空气中一样)。当 H 增大时,B 的增大减慢或几乎不变的现象称为磁饱和现象。所以,铁磁材料的磁化特性曲线是一条具有饱和特性的曲线。图 2-23 中也给出了铁磁材料的磁导率随磁场强度 H 的变化曲线。

2. 磁滞现象与磁滞损耗

在测取铁磁材料时,如图 2-24 所示,当 H 从零上升到某一最大值 H_m 时,B 沿磁化曲线 Oa 上升,H_m 对应的磁感应强度为 B_m;当 H 由 H_m 下降到零时,B 沿着另一条曲线 ab 下降到某一数值 B_r,B_r 称为剩余磁感应强度,这种 B 的变化滞后于 H 的变化称为磁滞现象。若此时反向磁化,则当 H 变到某一数值 $Oc = -H_c$ 时,剩余磁场全被抵消,H_c 称为矫顽力;继续增强反向磁化强度达到 $-H_m$ 时,B 为 $-B_m$,如曲线 cd 段所示;此时开始削弱反向磁场强度,B 将沿 de 变化到 e 点,这时的 $B = -B_r$;当反向磁化强度继续减弱到零时,B 沿 ef 变化;这时若正向励磁,B 将沿 fa 上升,直至 a 点。当 H 在 $+H_m$ 和 $-H_m$ 反复多次变化后才能得到闭合曲线 $abcdefa$,该曲线称为铁磁材料的磁滞回线。同一材料,在不同的 H_m 值下有不同的磁滞回线。将不同 H_m 值下所得的磁滞回线的顶点连接起来所得的曲线(基本上就是曲线 Oa)称为

基本磁化曲线。

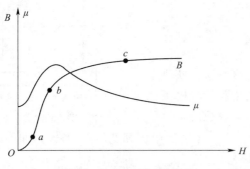

图 2-23 铁磁材料的磁化曲线

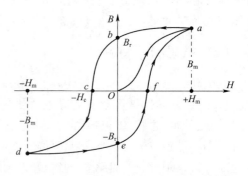

图 2-24 铁磁材料的磁滞回线

铁磁材料在外界交变磁场作用下反复磁化时,内部磁畴必将随外界磁场变化而不停往返转向,磁畴间相互摩擦而消耗能量,引起损耗,称为磁滞损耗。磁滞损耗 p_h 与最大磁感应强度 B_m、交变频率 f 和材料等因素有关。

对于常用的硅钢片,当 $B_m = 1.0 \sim 1.6T$ 时,$a \approx 2$。铁磁材料不同,磁滞回线的形状就不同,磁滞损耗与磁滞回线所包围的面积有关,面积越大,磁滞损耗也就越大。

(三) 起始磁化曲线

当电流 I 从零逐渐增大时,铁芯中的磁感应强度按下式规律增长,即

$$B = \mu H = \mu \frac{Iw}{l} \tag{2-27}$$

图 2-25 是用实验方法测得的 B 随 H 而增长的关系曲线,称为起始磁化曲线。对于已经制成的铁芯线圈,S、w、l 都是常数,Φ 与 B 成正比,I 与 H 成正比,故也可把磁化曲线看成 Φ 与 I 的关系曲线。

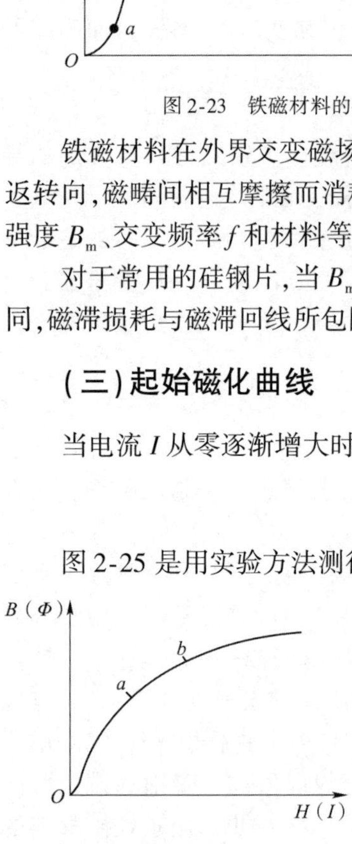

在磁化曲线的 oa 段,B 几乎随 H 直线增长,具有正比关系,电机和变压器等通常工作于这一段。在 ab 段,B 的增长速率减慢,称为磁化曲线的膝部。在 b 点以后,B 增长得十分缓慢,称为磁化曲线的饱和段。饱和现象是铁磁物质的一个重要特性,对电气设备和电路的工作有重大影响,例如,电机和变压器若因故工作于饱和段,则励磁电流就会大大增加,引起过热,甚至烧坏;而磁放大器则利用饱和现象起放大作用。

图 2-25 起始磁化曲线

(四) 磁滞回线

给线圈通以如图 2-26 所示的交变电流 i,使磁场强度在正最大值 H_m 到负最大值 $-H_m$ 之间变化,就可得如图 2-27 所示的磁化曲线。第一次 H 从零增加到 H_m 时,B 从零沿起始磁化曲线增到 a 点(H_m, B_m)。此后 H 减小,但 B 并不沿原曲线而是沿 ab 曲线下降。当 H 减小到零时,B 下降到 b 点(O, B_r),这说明外加磁场强度消失后铁芯中仍保留有一定的磁感应强度 B_r,称为剩磁。要消除剩磁必须加反向磁场强度,当 H 反向增加到 $-H_c$ 时,B 下降到 c 点($-H_c$, O),剩磁全部消除。此后,B 沿曲线 $cdefa$ 而回到 a 点。电流每交变一周,B 就沿闭合

回线 *abcdefa* 循环一周。

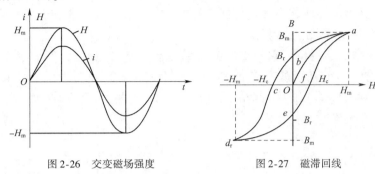

图 2-26　交变磁场强度　　　　图 2-27　磁滞回线

铁磁物质反复磁化要在铁芯内部损失一部分能量并转变为热能,称为磁滞损耗。反复磁化一周所损耗的能量与磁滞回线所包围的面积成正比,因此,在交变磁化的情况下,总希望选用磁滞回线面积小的铁芯材料。

(五) 平均磁化曲线

以不同的磁场强度最大值对铁芯进行反复磁化,可得一系列大小不同的磁滞回线。如图 2-28 所示,连接各磁滞回线的顶点即得平均磁化曲线,它与起始磁化曲线很接近。常用的铸钢、铸铁和型号为 D11 硅钢片的平均磁化曲线如图 2-29 所示。

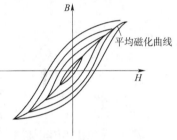

图 2-28　平均磁化曲线

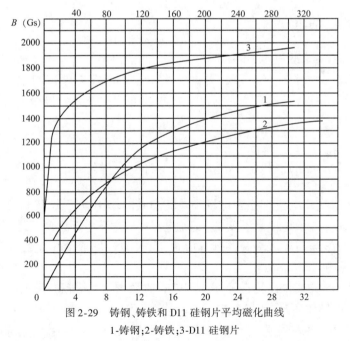

图 2-29　铸钢、铸铁和 D11 硅钢片平均磁化曲线
1-铸钢；2-铸铁；3-D11 硅钢片

(六) 软磁材料

矫顽力很小的铁磁物质称为软磁材料,例如铁、硅钢片、坡莫合金等。优良的软磁材料

要求剩磁小、矫顽力小(容易消除剩磁)、磁滞回线狭长(磁滞损耗小)、磁导率大、磁感应强度的最大值大。硅钢片和坡莫合金就是优良的软磁材料。交流铁芯和失电后要求立即失磁的直流铁芯都应以优良的软磁材料制成。

铁磁物质是理想软磁材料,它的交流磁导率等于无穷大,矫顽力等于零,磁感应强度最大值很大,它具有图2-30所示的磁滞回线。优良的坡莫合金具有图2-31所示的磁滞回线,很接近于理想的软磁材料。坡莫合金的缺点是价格贵,受振动或变形会使磁导率大大降低,因此,安装、使用和维修时都要特别注意。

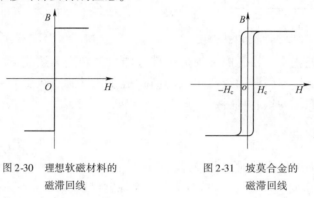

图2-30 理想软磁材料的磁滞回线　　图2-31 坡莫合金的磁滞回线

五、电机的制造材料

(一) 常用材料种类

(1) 导磁材料——硅钢片。
(2) 导电材料——漆包线、铜圆线、铜扁线、纯铝、引接线、端子。
(3) 其他材料——钢板、锌合金、铝合金、含油轴承、滚珠轴承、弹片、主轴、钼尼龙、塑料、绝缘材料等。

(二) 导磁材料

1. 导磁的材料工作环境

(1) 无论直流或交流电机都是在磁场和电流的共同作用下工作的。
(2) 直流电机中,磁场是恒定不变的;交流电机中,磁场是交变的,不固定的。
(3) 在电机中,磁场的形成有两种基本形式:永久磁铁形成的恒定磁场和电磁铁形成的非交变或交变的磁场。
(4) 当导体中有电流通过时,在导体周围就有磁场产生,当导体中电流方向改变时,其磁场也相应改变,通电导体所产生的磁场称为感应磁场,这种现象称为电磁感应现象。
(5) 通电导体产生磁场的强弱直接与通过导体的电流强度有关,还与通电导体周围的导磁介质有关,在电流不变的情况下:
①通电导体周围都是空气——磁场很弱,导磁能力低,磁导系数小。
②通电导体周围都是铁磁物质——磁场很强,导磁能力强,磁导系数大。

③空气中的磁导系数 $\mu_0 = 4\pi \times 10^7 \text{H/m}$，铁磁物质磁导系数 μ_{Fe} 为空气的磁导系数的 2000～6000 倍，即 $2000 < \mu_{Fe}/\mu_0 < 6000$。

（6）为了使铁磁物质获得更强的感应磁场，可将导线绕成螺旋管线圈，并将线圈套在铁磁物质制成的铁芯上，当线圈通电时，在铁芯内部就可获得很强的磁场。

（7）铁磁物质分类：

①硬磁材料——用含碳量高的或某些特种合金钢制成，这些材料一旦被磁化以后，其磁性能很难消失，适合用作永久磁铁（永磁或直流电机）。

②软磁材料——用含碳量低的或某些特种合金钢制成，这些材料在螺线管内，就形成电磁铁。当螺线管通电时，这些材料就被磁化，产生磁性；当螺线管失电时，则这些材料磁性消失，磁性能是可以交变的（适合用作电动机、变压器的铁芯）。软磁材料种类有硅钢片、电工纯铁、铁镍合金、铁铝合金、软磁铁氧体等。

（8）在人们日常生活工作中，绝大部分是采用 220V 及以下的交流电源，微型电机基本上都在这种环境下工作。由于硅钢片的导磁性能好，制造工艺简单，产量大，作为软磁材料适合制成铁芯，所以电动机的磁路采用硅钢片制成。

2. 硅钢片

硅钢片是一种铁硅合金钢片，品种多、规格全、用量大，按制造工艺分为热轧硅钢片和冷轧硅钢片。

（1）冷轧硅钢片。

①冷轧硅钢片分为有取向和无取向硅钢片。

②有取向冷轧硅钢片——材料在轧制时，材料内部的晶格取向是比较一致的，当沿着轧制方向交变磁化时，导磁性能好，铁损少，适合于制作变压器和大型电机；如果磁通量方向与轧制的方向垂直，铁损耗将增大到 2～3 倍。

③无取向冷轧硅钢片——材料在轧制时，材料内部的晶格取向是不一致的，其磁性能比有取向的差，但比热轧硅钢片好得多，顺轧制方向或垂直方向交变磁化时，其导磁性能差不多，是适合制作中小型电机铁芯的良好材料。

（2）无取向冷轧硅钢片。

①低硅钢片：含碳量 <0.003%，含硅量 <0.5%，磁导率下降 $\mu_m \downarrow$，饱和磁感应强度增强 $B_s \uparrow$，铁损较大 $P \uparrow$，机械强度低 $\downarrow$，生产工艺简单，多适合于家用电器的铁芯。

②含硅钢片：含碳量 <0.003%，含硅量 >0.5%，磁导率上升 $\mu_m \uparrow$，饱和磁感应强度增强 $B_s \uparrow$，铁损较低 $P \downarrow$，机械强度高 $\uparrow$，制造工艺复杂，适用于中小型电机、工业用微控电机电器等。

（3）晶粒取向。

①硅钢是立方晶系的多晶体，每个晶体有 3 个相互垂直的易磁化方向。

②多晶体中的晶粒排列是凌乱的，在材料制造过程中，可采取工艺措施将硅钢片晶粒沿轧向同一方向排列。这种仅有一个易磁化方向的材料，称为单取向硅钢片，其磁化性能沿轧向最好，其他方向较差。一般无取向硅钢片的晶粒位置和方向是混乱排列的，各方向的磁化性能相差不大。

③还有一种双取向硅钢片，它有相互垂直的磁性能接近的易磁化方向，且都在轧制面

内,其中一个与轧向平行,这种硅钢片虽然很适合制造电机铁芯,但制造工艺复杂,成本较高。

(4) 全工艺型冷轧无取向硅钢片,其涂层已在轧钢厂形成,通常是先涂一层硅酸盐绝缘薄膜,再用化学离子反应法把磷酸盐紧覆在其表面上,形成均匀光滑的薄涂层,其机械绝缘和耐热性能极好(耐热750℃左右)。半工艺型冷轧无取向硅钢片是未经最后退火处理,表面无绝缘涂层的冷轧硅钢片。

3. 硅钢片的性能及特点

(1) 硅钢片含硅量越高,电阻系数越大,但会使材料变脆,硬度增加,给冲裁和剪切带来困难。硅含量很大时,则无法进行轧制加工,通常含硅量≤5%。

(2) 硅钢片越薄,铁芯损耗越小,但冲片的机械强度减弱,铁芯制造工时增加,叠压后由于冲片绝缘厚度所占比例增加,因而使磁路的有效截面积减小。过薄的硅钢片在电机制造工艺中也是不宜采用的,一般采用0.5mm的硅钢片。

(3) 不同牌号和规格的硅钢片,力学性能是不同的。含碳量低的硅钢片韧性较好,适于冷加工,随着含碳量的增加,硅钢片的硬度也增加,使其脆性增加,易使冲模刃口磨钝,使工件的冲断面不光滑,甚至在冲剪处产生裂纹。

4. 对冲片的技术要求

(1) 电磁性能方面。①现有软磁铁芯材料沿轧制方向的磁导率比垂直方向大,因此,铁芯的叠压应考虑其方向性。由于是采用级进模下料冲制,其冲制方向已确定,所以冲片的导磁方式已经确定。②应考虑材料在外力(冲裁、碰撞、冲击等)作用后,将改变晶格的排列方向,使电磁性能改变。冲压、叠装、切削加工产生的冷作硬化现象主要分布在距剪切轮廓的边缘0.5~3mm范围内,易使磁性能恶化。③在交变磁场中工作的铁芯会产生涡流现象,使铁损增加,并产生不希望的附加力矩。要减少涡流引起的铁损,可以减少片厚(但铁芯片数增多,加工工时延长,铁芯叠压系数降低)。

(2) 机械性能方面。合理选用铁芯材料,要求表面质量良好,平整光滑,厚薄均匀,冲片的断面整齐,毛刺要小(过大的毛刺在叠装后容易形成片间短路,使铁损增加,叠压系数下降)。

(三) 导电材料

1. 电磁线

微电机绝大部分是采用漆包铜圆线,罩极电机的短路环采用裸铜圆线或扁线。它们的作用主要是为硅钢片铁芯提供交变磁场。铜的纯度大于或等于99.95%,密度为$8.9g/cm^3$,抗拉强度为$200~220N/cm^2$。

(1) 漆包线的种类:一般采用聚酯薄膜线。

(2) 绕组种类。

①集中绕组。

②分布绕组。

(3) 罩极电机对绕组的要求。

①绕组的基本数据应符合技术要求(线径、匝数)。

②绕组的尺寸形状应符合技术要求。

③绕组的绝缘结构和绝缘材料应满足耐压、耐热、耐环境条件的要求。

④焊接质量可靠,焊接处的接触电阻要小。

⑤微电机绕组由于匝数多,导线细,有的无层间绝缘,有的无浸漆处理,比较容易出现匝间短路或因绝缘结构的热胀冷缩现象而断线,这些问题必须在绝缘结构和绝缘材料的选择及制造中充分考虑。

2. 笼型绕组

（1）铝笼——采用铸铝方法,铸出转子槽内导条及端环,使转子成为坚固的整体(电机性能要求高的,采取铸铜方法,甚至采取银笼条),纯铝牌号为 AL99.8。

（2）铸铝转子的特点。

①笼条、端环一次性铸出,结构简单、紧凑,工艺上也较方便。

②转子槽形尺寸和端环尺寸设计比较随便,可根据电气性能要求在一定范围内变化。

③节省铜材。

④铸造流动性不如铝合金,粘模现象比较严重。

（3）笼型绕组制造工艺。重力铸铝、振动铸铝、离心铸铝、低压铸铝、压力铸铝。

3. 引接线

采用耐绝缘处理的多股软质安装线,它起到电机的线圈与外部连接的作用。

4. 其他材料

支架用的钢板、锌合金、铝合金及轴承、主轴等材料均为支撑用的材料,骨架也为支撑线圈的材料。

六、电力电子器件在电机及控制系统的应用

电子技术在新能源汽车的应用主要体现在电力电子器件和变流器技术两个方面。电力电子器件的性能与可靠性直接关系到新能源汽车的安全运行,变流器技术直接影响新能源汽车的能量变换与运行效率,对于新能源汽车运行至关重要。

电力电子器件品种繁多,分类方法多种多样。通常按开关控制性能分为:

（1）不控型器件:这是无控制端口的二端器件,如功率二极管,不具备可控开关性能。

（2）半控型器件:这是有控制端口的三端器件,但其控制端在器件导通后即失去控制能力,即无关断能力,关断器件必须借助外部条件。晶闸管及其大部分派生器件均属这一类。

（3）全控型器件:这也是有控制端口的三端器件,但其控制端具有控制器件导通和关断的双重功能,故称自关断器件。如门极关断晶闸管(Gate Turn-off Thyristor,GTO)、绝缘栅双极晶体管(Insulated Gate Bipolar Transistor,IGBT)、电力晶体管(Bipolar Power Transistor,GTR)等第二代器件均属这一类。

目前常用的电力电子器件主要有门极关断晶闸管(GTO)、大功率晶体管(Bipolar Junction Transistor,BJT)、功率场效应晶体管(Metal-Oxide-Semiconductor Field-Effect Transistor,MOSFET)、绝缘栅双极晶体管(IGBT)、MOS 控制晶闸管(Mos-Controlled Thyristor,MCT)。从新能源汽车应用实践看,MOSFET、IGBT 和 MCT 具有一定的竞争性,而 GTO 的开关频率难以超过 3kHz,关断增益较小,需要专门的关断电路,不适合用在新能源汽车的功率变换器上。

本节着重介绍几种在新能源汽车中可广泛应用的器件。

(一) 功率二极管

功率二极管自20世纪50年代初期就获得应用。虽然是不可控器件,但其结构和原理简单,工作可靠,直到现在功率二极管仍然大量应用于许多电气设备中。特别是快速恢复二极管和肖特基二极管,在中、高频整流和逆变中,仍具有不可替代的位置。

功率二极管的基本结构和工作原理与信息电子电路中的二极管相同,都是以半导体PN结为基础的。功率二极管实际上是由一个面积较大的PN结和两端引线以及封装组成的,图2-32给出了功率二极管的外形、结构和电气图形符号。从外形看,功率二极管早期主要有螺栓型和平板型两种封装,现都已采用模块化封装。

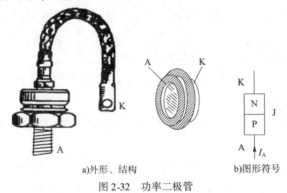

a) 外形、结构　　b) 图形符号

图2-32　功率二极管

1. 功率二极管的基本特性

(1) 静态特性。功率二极管的静态特性主要指其伏安特性,如图2-33所示。当功率二极管承受的正向电压达到一定值(门槛电压 U_{TO}),正向电流 I_a 才开始明显增加,处于稳定导通状态。与正向电流 I_a 对应的功率二极管两端的电压 U_a 即为其正向导通压降。当功率二极管承受反向电压 U_B 时,只有少数载流子(简称少子)引起的微小而且数量恒定的反向漏电流。

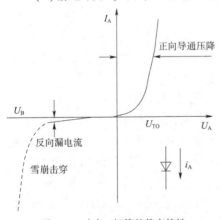

图2-33　功率二极管的静态特性

(2) 动态特性。因为结电容的存在,功率二极管在零偏置(外加电压为零)、正向偏置和反向偏置三种状态之间转换的时候,必然经历一个过渡过程。在过渡过程中,PN结的一些区域需要一定时间来调整其带电状态,因而其电压-电流特性不能用前面的伏安特性来描述,而是随时间变化的,这就是功率二极管的动态特性,并且往往专指反映通态和断态之间转换过程的开关特性。这个概念虽然由功率二极管引出,但可以推广至其他各种电力电子器件。

图2-34给出了功率二极管由正向偏置转换为反向偏置时其动态过程的波形。当原处于正向导通状态的功率二极管的外加电压突然从正向变为反向时,该功率二极管并不能立即关断,而是经过一段短暂的时间才能重新获得反向阻断能力,进入截止状态。在关断之前

有较大的反向电流出现,并伴随有明显的反向电压过冲。这是因为正向导通时在 PN 结两侧储存的大量少子需要被清除掉以达到反向偏置稳态的缘故。设 t_F 时刻外加电压突然由正向变为反向,正向电流在此反向电压的作用下开始下降,下降速率由反向电压的大小和电路中的电感决定,而管压降由于电导调制效应基本变化不大,直至正向电流为零的时刻 t_0。此时,功率二极管由于在 PN 结两侧(特别是多掺杂 N 区)储存有大量少子,并没有恢复反向阻断能力,这些少子在外加反向电压的作用下被抽取出功率二极管,因而形成较大的反向电流。当空间电荷区附近储存的少子即将被抽尽时,管压降变为负极性,于是开始抽取离空间电荷区较远的,浓度较低的少子。因而在管压降极性改变后不久的 t_1 时刻,反向电流从其最大值 I_{RP} 开始下降,空间电荷区开始迅速展宽,功率二极管重新恢复对反向电压的阻断能力。在 t_1 时刻以后,由于反向电流迅速下降,在外电路电感的作用下会在功率二极管两端产生比外加反向电压大得多的反向电压过冲 U_{RP}。在电流变化率接近于零的 t_2 时刻(有的标准定为电流降至 25% I_{RP} 的时刻),功率二极管两端承受的反向电压才降至外电压的大小,功率二极管完全恢复对反向电压的阻断能力。图中阴影部分为反向恢复电荷 Q_{rr}。时间 $t_d = t_1 - t_0$ 被称为延迟时间,$t_f = t_2 - t_1$ 被称为电流下降时间,而时间 $t_{rr} = t_d + t_f$ 则被称为功率二极管的反向恢复时间。下降时间与延迟时间的比值 t_f/t_d 被称为恢复系数,用 S_r 标记。S_r 越大,则称恢复特性越软,实际上就是反向电流下降时间相对较长,因而在同样的外电路条件下造成的反向电压过冲 U_{RP} 较小。

图 2-35 给出了功率二极管由零偏置转换为正向偏置时其动态过程的波形。可以看出,在这一动态过程中,功率二极管的正向压降也会先出现一个过冲 U_{FP},经过一段时间才趋于接近稳态压降的某个值(如 2V)。这一动态过程时间被称为正向恢复时间 t_{fr}。出现电压过冲的原因是:

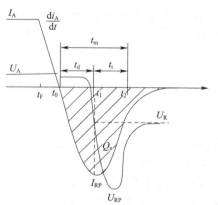

图 2-34 正向偏置转换为反向偏置波形

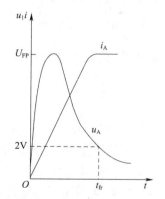

图 2-35 零偏置转换为正向偏置波形

① 电导调制效应起作用所需的大量少子需要一定时间来储存,在达到稳态导通之前的管压降较大。

② 正向电流的上升会因器件自身的电感而产生较大的压降。电流上升速率越大,U_{FP} 越高。当功率二极管由反向偏置转换为正向偏置时,除上述时间外,势垒电容电荷的调整也需要较多时间来完成。

2. 功率二极管的主要参数

(1) 正向平均电流 $I_{a(AV)}$。正向平均电流是指功率二极管长期运行时,在指定的管壳温度(简称壳温,用 T_c 表示)和散热条件下,其允许流过的最大工频正弦半波电流的平均值。在此电流下,因管子的正向压降引起的损耗造成的结温升高不会超过所允许的最高工作结温,这也是标称其规定的电流参数。可以看出,正向平均电流是按照电流的发热效应来定义的,因此,在使用时应按照工作中实际波形的电流与正向平均电流所造成的发热效应相等,即有效值相等的原则来选取功率二极管的电流定额,并应留有一定的余量。通过对正弦半波电流的换算可知,正向平均电流 $I_{a(AV)}$ 对应的有效值为 $1.57I_{a(AV)}$。不过,应注意的是,当用在频率较高的场合时,功率二极管的发热原因除了正向电流造成的通态损耗外,其开关损耗也往往不能忽略。当采用反向漏电流较大的功率二极管时,其断态损耗造成的发热效应也不小。在选择功率二极管的正向电流定额时,这些都应加以考虑。

(2) 正向压降 U_a。正向压降是指功率二极管在指定温度下,流过某一指定的稳态正向电流时对应的正向压降。有时候,其参数表中也给出在指定温度下,流过某一瞬态正向大电流时功率二极管的最大瞬时正向压降。

(3) 反向重复峰值电压 U_{RRM}。反向重复峰值电压是指对功率二极管所能重复施加的反向最高峰值电压,通常是其雪崩击穿带电压 U_B 的 2/3。使用时,往往按照电路中功率二极管可能承受的反向最高峰电压的 2 倍来选定此项参数。

(4) 最高工作结温 T_{JM}。结温是指管芯 PN 结的平均温度,用 T_J 表示。最高工作结温是指在 PN 结不损坏的前提下所能承受的最高平均温度,用 T_{JM} 表示。T_{JM} 通常在 125～175℃。

(5) 浪涌电流 I_{FSM}。浪涌电流是指功率二极管所能承受的最大的连续一个或几个周期的过电流。

由于功率二极管导通之后的特性与关断时刻的特性都与晶闸管类似,因此其承受电压和电流的计算方法与晶闸管是相同的,在晶闸管的介绍中将加以详细说明。

(二) 绝缘栅双极晶体管(IGBT)

1. IGBT 的结构及工作原理

(1) IGBT 的功用

绝缘栅双极型晶体管(Insulated Gate Bipolar Transistor,IGBT),是由 BJT(双极型三极管)和 MOS(绝缘栅型场效应管)组成的复合全控型电压驱动式功率半导体器件,兼有 MOSFET 的高输入阻抗和 GTR 的低导通压降两方面的优点。GTR 饱和压降低,载流密度大,但驱动电流较大;MOSFET 驱动功率很小,开关速度快,但导通压降大,载流密度小。IGBT 综合了以上两种器件的优点,驱动功率小而饱和压降低。非常适合应用于直流电压为 600V 及以上的变流系统如交流电机、变频器、开关电源、照明电路、牵引传动等领域。

IGBT 是由 MOSFET 和双极型晶体管复合而成的一种器件,其输入极为 MOSFET,输出极为 PNP 晶体管,它融合了这两种器件的优点,既具有 MOSFET 器件驱动功率小和开关速度快的优点,又具有双极型器件饱和压降低而容量大的优点,其频率特性介于 MOSFET 与功率晶体管之间,可正常工作于几十 kHz 频率范围内,IGBT 是一种大功率的电力电子器件,是一个具有开关功能的器件。

IGBT是电动汽车中的核心器件之一,是动力系统的重要组成部分。主要应用于以下几个方面:

①电机控制系统:大功率直流/交流(DC/AC)逆变后驱动汽车电机。
②车载空调控制系统:小功率直流/交流(DC/AC)逆变,使用电流较小的IGBT元件。
③充电桩IGBT模块在智能充电桩中作为开关元件使用。

(2)IGBT的结构及原理

图2-36所示为一个N沟道增强型绝缘栅双极晶体管结构,N+区称为源区,附于其上的电极称为源极(发射极E)。N基极称为漏区。器件的控制区为栅区,附于其上的电极称为栅极(门极G)。沟道在紧靠栅区边界形成。在C、E两极之间的P型区(包括P+和P-区)(沟道在该区域形成),称为亚沟道区(Subchannel Region)。而在漏区另一侧的P+区称为漏注入区(Drain Injector),它是IGBT特有的功能区,与漏区和亚沟道区一起形成PNP双极晶体管,起发射极的作用,向漏极注入空穴,进行导电调制,以降低器件的通态电压。附于漏注入区上的电极称为漏极(集电极C)。

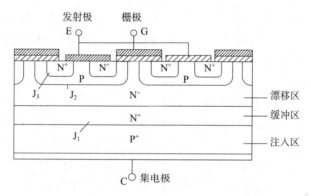

图2-36 IGBT层状结构图

IGBT是一个三端器件,它拥有栅极G、集电极C和发射极E。IGBT的开关作用是通过加正向栅极电压形成沟道,给PNP(原来为NPN)晶体管提供基极电流,使IGBT导通。反之,加反向门极电压消除沟道,切断基极电流,使IGBT关断。IGBT的驱动方法和MOSFET基本相同,只需控制输入极N-沟道MOSFET,所以具有高输入阻抗特性。当MOSFET的沟道形成后,从P+基极注入到N-层的空穴(少子),对N-层进行电导调制,减小N-层的电阻,使IGBT在高电压时,也具有低的通态电压。

简化的等效电路如图2-37所示,其中VT1是N沟道型MOSFET,VT2是PNP型GTR,R_{dr}是厚基区GTR的基区内电阻。这种结构称N-IGBT,即N沟道型的IGBT,应用得较多。若用P沟道型MOSFET作为控制器件构成IGBT,称P-IGBT型器件。IGBT的开通和关断受栅极控制,N沟道型IGBT的栅极上加正偏置并且数值上大于开启电压时,IGBT内的MOSFET漏极与源极之间因此感应产生一条N型导电沟道,使MOSFET开通,从而使IGBT导通。反之,如在N沟道型IGBT上加反偏置,它内部的MOSFET漏、源极间不能感生导电沟道,IGBT就截止。由此可知,IGBT的控制原理与MOSFET基本相同。所以IGBT是以MOSFET为驱动器件、GTR为主导器件的达林顿电路结构器件。一般的IGBT模块中,还封装了反并联的快速二极管,以适应逆变电路的需要,因此没有反向阻断能力。

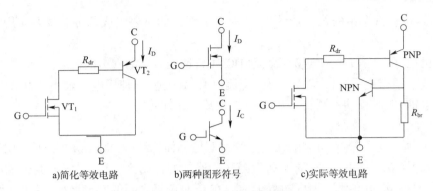

a) 简化等效电路　　b) 两种图形符号　　c) 实际等效电路

图 2-37　IGBT 等效电路及图形符号

IGBT 的图形符号如图 2-37b) 所示，图中漏极 D 用集电极 C 表示，源极 S 用发射极 E 表示，漏极电流 I_D 改用集电极电流 I_C 表示。对于 P-IGBT 型器件，图形符号中的箭头方向相反。图 2-37c) 是具有寄生晶体管 NPN 的实际等效电路。

2. IGBT 的基本特性

(1) 伏安特性。伏安特性即输出特性，N-IGBT 的伏安特性如图 2-38a) 所示。由图可知，IGBT 的伏安特性与 GTR (巨型晶体管) 的伏安特性基本相似，不同之处是控制参数是栅极 G 与发射极 E 之间的电压 U_{GE}，而不是基极电流。伏安特性的纵坐标为集电极电流 I_C，横坐标是集电极与发射极电压 U_{CE}。在一定的栅极电压下，随着 I_C 加大，通态电压 U_{CE} 加大，但加大栅极电压 U_{GE}，在一定的 I_C 下可减小 U_{CE}，即可以减少 IGBT 的通态损耗。IGBT 的伏安特性分为 (Ⅰ) 截止区、(Ⅱ) 放大区或线性区、(Ⅲ) 饱和区。截止区即正向阻断区，是由于栅极电压没有达到 IGBT 的开启电压 $U_{GE(th)}$。放大区输出电流受栅射电压的控制，U_{GE} 越高、I_C 越大，两者有线性关系。在饱和区因 U_{CE} 太小，U_{GE} 失去线性控制作用。

由于结构上的原因，IGBT 的反向阻断电压只能达到数十伏的水平。目前模块化封装的 IGBT 都装有反并联功率二极管，成为逆导型器件。

(2) 转移特性。如在图 2-38a) 横坐标上作一条垂直线 (即保持 U_{CE} 为恒值) 与各条伏安特性相交，可获得转移特性。这是集电极电流与栅极电压 U_{GE} 之间的关系曲线。它与 MOSFET 的转移特性相同，当栅射电压 U_{GE} 小于开启电压 $U_{GE(th)}$ 时，IGBT 处于关断状态。如图 2-38b) 所示，在 IGBT 导通后的大部分集电极电流范围内，I_C 与 U_{GE} 呈线性关系。最高栅射电压受最大集电极电流的限制，其最佳值一般取 15V 左右。在 IGBT 关断时，为了保证可靠关断，实际应用中在栅极加一定的负偏压，通常为 -5 ~ -10V。

(3) 动态特性。图 2-39 所示是 IGBT 的开通和关断过程波形，U_{GE} 是作为控制信号的栅极电压波形，I_C 是集电极电流波形。这些波形与 MOSFET 开通时的波形相似。IGBT 在开通过程中，大部分时间是作为 MOSFET 来运行的，只有在电压 U_{CE} 下降过程的后期，PNP 晶体管才由放大区转到饱和区，因此 t_{fv2} 段电压下降过程变缓，只有在 t_{fv2} 结束时，IGBT 才完全进入饱和开通状态。此时，I_{GBT} 仍存在一个饱和导通压降 $U_{CE(on)}$。IGBT 的开通时间由开通延迟时间 $t_{d(on)}$ 和电流上升时间 t_r 组成，通常为 0.2 ~ 0.5μs。

在 IGBT 关断过程中，因为 MOSFET 关断后，PNP 晶体管中存储的电荷难以迅速消除，这段时间内 MOSFET 已经关断，IGBT 又无反向电压，造成 I_C 下降缓慢，这个下降时间称为拖尾时间 t_{f2}。关断时间由关断延迟时间 $t_{d(off)}$ 和电流下降时间 t_f 组成，为 1 ~ 2μs。

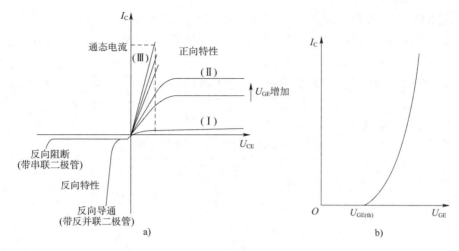

图 2-38　IGBT 的伏安特性和转移特性

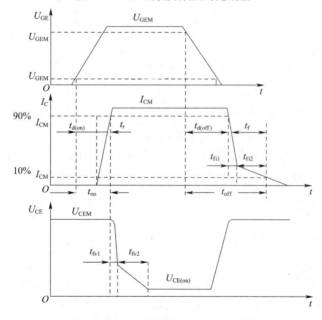

图 2-39　IGBT 开通和断开电压电流波形

3. IGBT 的主要参数

除了前面提到的各种参数之外，IGBT 的主要参数还包括以下几个：

（1）最高集电极—发射极电压（UCEM）。最高集电极—发射极电压由内部的 PNP 型晶体管的击穿电压确定，为了避免 PN 结击穿，IGBT 两端的电压绝对不能超过这个额定电压值。

（2）最高栅极—发射极电压（UGEM）。栅极电压受栅极氧化层的厚度和特性限制。虽然栅极的绝缘击穿电压约为 80V，但是，为了保证可靠工作并且限制故障状态下的电流，栅极电压应该限制在 20V 以内。

（3）最大集电极电流（ICM）。最大集电极电流包括直流电流 I_C 和 I_{ms} 脉宽最大电流 I_{CP}，该电流值与结温有关，随结温的升高而下降。有的厂家的标称数据为结温 25℃ 时，部分厂家是按照结温85℃来标称的,选择器件时应注意不同厂家之间的差异。

(4) 最大集电极功耗(PCM)。IGBT的最大集电极功耗PCM为正常工作温度下所允许的最大功耗。

表2-2介绍了应用于新能源汽车650V/800A规格的IGBT的主要特性,其中U_{CE}是集电极—发射极电压,I_C是集电极额定直流电流,I_{CM}是集电极最大重复峰值电流。这种IGBT具有最优开关特性,它能在1μs内开通和关断。

表2-2 650V/800A规格的IGBT的主要特性

额定最大值	U_{CE}	I_C	I_{CM}	P_{cm}
	650V	800A	1600A(1ms时)	1500W
开关特性	$T_{d(on)}$	t_r	$T_{d(off)}$	T_f
	0.13μs	0.10μs	0.58μs	0.11μs
饱和电压	当I_C = 800A 时 I_{CEsat} = 1.4V			
器件型号:FS800R07A2E3(Infineon)				

4. IGBT的擎住效应

由于IGBT结构上的原因,内部存在一只NPN型寄生晶体管。当集电极电流大于规定的临界值I_{CM}时,该寄生晶体管因有过高的正偏置被触发导通,使PNP管也饱和导通,导致IGBT的栅极失去控制作用,这种现象称为擎住效应。

IGBT发生擎住效应后,集电极电流增大,造成过高的功耗,导致器件损坏。这种集电极电流超过I_{CM}引起的擎住效应称静态擎住效应。此外,在IGBT关断的动态过程中,若dU_{CE}/dt过大,同样会引起上述寄生晶闸管的开通,使IGBT栅极失控,形成动态擎住效应。可通过加大栅极电阻R_G的办法,延长IGBT的关断时间,以减小重加dU_{CE}/dt的数值,避免动态擎住效应的发生。

擎住效应曾经是限制IGBT电流容量的主要因素之一,现已得到很好的解决。

5. IGBT的安全工作区

IGBT开通时的正向偏置安全工作区FBSOA由电流、电压和功耗三条边界极限包围而成。最大集电极电流I_{CM}是按避免擎住效应而由厂方确定的;最高集电极—发射极电压U_{CEM}是由IGBT中PNP晶体管的击穿电压规定的;最高功耗则由最高允许结温所规定。若为直流电流,则发热严重,安全工作区变窄。若为脉冲电流,导电时间短,工作区变宽,脉冲越窄,工作区越宽。

IGBT的反向偏置安全工作区RBSOA,它随IGBT关断时的重加dU_{CE}/dt而改变,dU_{CE}/dt数值越大,越容易引起IGBT的误导通,因此相应的反向偏置安全工作区越狭窄。

在应用IGBT的时候要注意,IGBT有较大的极间电容,使IGBT的输入端显示出较强的容性特点,在输入脉冲作用下,将出现充放电现象。在器件开关过程中,极间电容是引发高频振荡的重要原因。由于IGBT对栅极电荷的集聚很敏感,因此要有一条低阻抗的放电回路,驱动电路与IGBT的连线要尽量短,如用绞线,其长度不应超过1m。此外,设计适当的缓冲电路,以抑制IGBT关断时产生的尖峰浪涌电压也很重要。有关IGBT的栅极控制电路和缓冲保护问题在相关书籍中有详细的介绍,这里不再赘述。

(三)MOS 门极关断晶闸管(MCT)

MOS 门极关断晶闸管(MCT)是晶闸管和 MOSFET 组合而成的复合器件,它的主导元件是可控硅(Silico Controlled Rectifier,SCR),控制元件是 MOSFET。所以,MCT 具有 SCR 和 MOSFET 的共同优点,如电压高、电流大、通态压降低、电流密度高、输入阻抗高、驱动功率小、开关速度高、di/dt 高和 du/dt 高,是一种理想的电力电子开关器件。目前,MCT 的产品正在系列化,其电压等级为 500~1000V,电流容量为 50~100A。由于 MCT 在当前的电力电子器件中评价最高,它在未来的新能源汽车驱动系统中具有良好的应用前景。

1. MCT 的结构

MCT 将 MOSFET 的高输入阻抗、低驱动功率与快速的开关速度和 SCR 的高电压、大电流特性结合在一起。MCT 的典型结构如图 2-40 所示,它是在 SCR 结构中集成了一对 MOSFET,通过 MOSFET 来控制 SCR 的导通和关断。使 MCT 导通的 P 沟道 MOSFET 称为 ON-FET,使其关断的 N 沟道 MOSFET 称为 OFF-FET。

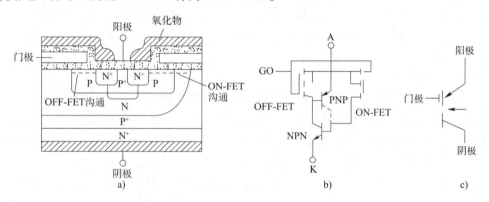

图 2-40 MCT 单个刨面、等效电路及图形符号

MCT 是采用 DMOSFET 集成电路工艺制成的。一个 MCT 大约有 10^5 个元胞。每个元胞有一个宽基区 NPN 晶体管和一个窄基区 PNP 晶体管以及一个 OFF-FET。OFF-FET 连接在 PNP 晶体管的基极—发射极之间,另有 4% 的单元胞含有 ON-FET,连接在 PNP 晶体管的集电极—发射极之间,这两组 MOSFET 的栅极连接在一起,构成 MCT 的单门极。MCT 的等效电路和符号如图 2-40b)、c)所示,图 2-40b)为 P-MCT 的等效电路,N-MCT 的等效电路中箭头反向。

2. MCT 的工作原理

在结构上,MCT 需要用双门极控制,这一点与 SCR 和 GTO 不同;门极信号以阳极为基准,而不是以阴极为基准。当门极相对于阳极加负脉冲电压时,ON-FET 导通,它的漏极电流使 PNP 晶体管导通。NPN 晶体管又使 PNP 晶体管导通并且形成正反馈触发过程,这与 SCR 和 GTO 的导通过程类似。通过正反馈的循环,使 $a_{PNP} + a_{NPN} > 1$,于是 MCT 导通。当门极施加相对于阳极为正脉冲的电压时,OFF-FET 导通,PNP 基极电流中断,PNP 晶体管被切断,破坏了正反馈过程,于是 MCT 关断。使 MCT 触发导通的门极负脉冲幅值一般为 -5~-15V,使其关断的门极正脉冲电压幅值一般为 +10V。由此可见,MCT 是一种电压控制器件。

根据对功率 MOSFET 和 IGBT 的研究证明,器件性能和阴极图形结构有密切关系,MCT 也是如此。MCT 将低通态损耗的四层结构与高阻抗 MOS 控制极结合在一起,使得可控制的阴极密度很高,所以 MCT 可设计成具有很高的 du/dt 耐量。现已研制出正向阻断电压高于 2000V 的单个元胞、元胞排、条和各种陈列分布,元胞数高达 21000 个。

有效面积为 $8.4mm^2$ 的 MCT,可控制电流密度为 $70A/cm^2$。

MCT 与 GTR、MOSFET、IGBT 和 GTO 等器件相比,有如下优点:

(1) 电压、电流容量大,目前水平为阻断电压 3000V,峰值电流 1000A,最大关断电流密度为 $6000A/cm^2$。

(2) 通态压降小,约为 1.1V,仅是 IGBT 通态压降的 1/3~1/2。

(3) di/dt 和 du/dt 耐量极高,目前水平为 $di/dt=2000A/\mu s$,$du/dt=20000V/\mu s$。

(4) 开关速度快,开关损耗小。开通时间为 200ns,可在 $2\mu s$ 内关断 1000V 电压。

(5) 工作温度高,其温度受限于反向漏电流,上限值可达 250~270℃。

MCT 还有一个重要特性是,即使关断失效,器件也不会损坏。当工作电压超出安全工作区范围时,MCT 可能失效;而当峰值可控电流超过安全工作区时,MCT 不会像其他大部分功率开关器件那样自然损坏,只是不能用门极关断而已。

3. MCT 的特性

(1) 静态正向特性。

静态时,担负开通和关断控制的内部 MOSFET 不起作用,MCT 相当于晶闸管,阻断时能承受较高的正向电压,导通时具有很低的通态压降。当正向电压为 1V 时,MCT 的电流密度是达林顿管的 30 倍,是电力 MOSFET 管的 100 倍。在相同的电流密度下,MCT 具有很小的通态压降。

由 MCT 正向伏安特性和温度的关系可知,当结温升高时,通态电压降低;当正向电流增大时,通态压降仅有少量的增加,因此,MCT 适合用于大电流场合。

(2) MCT 无正向偏置的安全工作区。

图 2-41 给出了 MCT 的反向偏置安全工作区,由图可以看出 MCT 关断时的电压和电流的极限容量与结温、电流和工作周期有关。当工作电压超出 MCT 的安全工作区电压范围时,MCT 可能会失效;但是当峰值可控电流超出 MCT 安全工作区时,MCT 不易损坏。这一性能特点说明 MCT 可简单地使用熔断器进行短路保护。

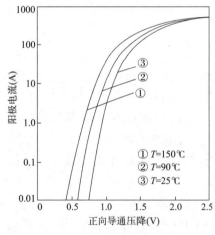

图 2-41 MCT 和其他器件的特性图

技能实训

1. 准备工作

根据工具设备检查方法和要求,判断所需工具设备是否正常,见表 2-3。

工具设备检查表　　　　　　　　　　表2-3

序号	工 具 名 称	是 否 正 常	序号	工 具 名 称	是 否 正 常
1		是□否□	6		是□否□
2		是□否□	7		是□否□
3		是□否□	8		是□否□
4		是□否□	9		是□否□
5		是□否□	10		是□否□

2. 技术要求与注意事项

（1）实验人员如何做好安全防护措施。

（2）查阅资料，归纳总结电动机的哪些零部件涉及应用电磁感应原理进行工作。

3. 操作步骤

（1）电磁感应现象实验。

①将导体放置在磁场中，导体向上或向下运动；导体向左或向右运动，观察是否有电流产生。

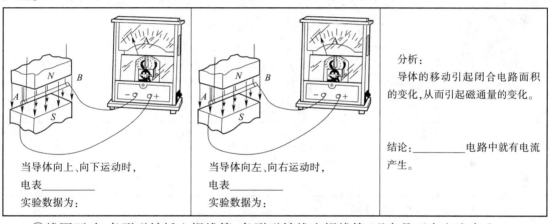

当导体向上、向下运动时，
电表_____
实验数据为：

当导体向左、向右运动时，
电表_____
实验数据为：

分析：
导体的移动引起闭合电路面积的变化，从而引起磁通量的变化。

结论：_____电路中就有电流产生。

②线圈不动，条形磁铁插入螺线管；条形磁铁拔出螺线管，观察是否有电流产生。

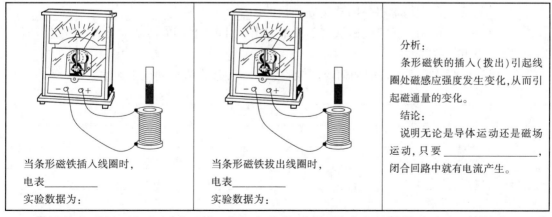

当条形磁铁插入线圈时，
电表_____
实验数据为：

当条形磁铁拔出线圈时，
电表_____
实验数据为：

分析：
条形磁铁的插入（拔出）引起线圈处磁感应强度发生变化，从而引起磁通量的变化。

结论：
说明无论是导体运动还是磁场运动，只要_____，闭合回路中就有电流产生。

③导体和磁场不发生相对运动，改变电路的通断；滑动变阻器滑动片左、右滑动。观察是否有电流的变化。

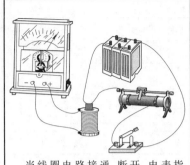
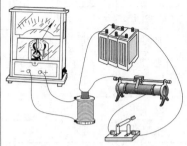

当线圈电路接通、断开,电表指针_____ 实验数据为:	当滑动变阻器滑动片左、右滑动,电表指针_____ 实验数据为:	分析: 滑动变阻器阻值的改变引起内线圈电路电流的改变,电流在外线圈处产生磁感应强度发生变化,从而引起外线圈中磁通量的变化。 结论: 除了闭合回路的部分导线切割磁感线外,线圈中的_____发生变化时,也能产生感应电流。

图2-42 绝缘电阻表

(2)拆装直流电机实验。

①拆卸前的准备。

(a)记录直流电动机的铭牌,并记录在报告中。

(b)用绝缘电阻表测量励磁绕组,电枢绕组对地绝缘阻值。

(c)针对每一步的拆装做好记录。

②拆装顺序。

(a)如图2-42所示,用绝缘电阻表测量励磁绕组和电枢绕组的对地阻值并进行记录到表2-4。

对地阻值记录表　　　　　　　　　　　　　　　　　　　表2-4

位　　置	阻　　值
励磁绕组	
电枢绕组	

(b)卸下前端盖,卸下端盖螺栓。

(c)将刷架取出并放至安全处。

(d)用青壳纸和白纱带将换向器包好。目的:_____。

(e)拆除电动机端盖。将电枢从定子膛中取出。此时,我们能清晰地看到电刷、换向器、电枢、定子绕组等零部件。

(f)解释说明这些零部件时如何应用电磁感应原理使直流电动机工作的。

_____
_____
_____
_____
_____

(3)实验记录表。

①实验一记录表见表2-5~表2-7。

(a) 直导线在磁场中,导体不动;导体向上、向下运动;导体向左或向右运动。

实验一记录表　　　　　　　　　　　　　　　　　　　　表2-5

导体运动	不动	向上	向下	向左	向右
电流表数据					

结论:

(b) 条形磁铁插入(拨出)螺线管。

实验一记录表　　　　　　　　　　　　　　　　　　　　表2-6

条形磁铁	插入线圈	停在线圈中	从线圈拨出
电流表数据			

结论:

(c) 导体和磁场不发生相对运动,线圈电路接通、断开,滑动变阻器滑动片左、右滑动。

实验一记录表　　　　　　　　　　　　　　　　　　　　表2-7

线圈电路	开关接通	开关断开	阻值变大	阻值变小
电流表数据				

结论:

② 实验二记录表见表2-8。

实验二记录表　　　　　　　　　　　　　　　　　　　　表2-8

电机铭牌信息	
步骤	照片和描述
第一步	
第二步	
第三步	
第四步	
第五步	
描述直流电动机零件是如何应用电磁感应原理进行工作	

4. 评价与反馈

(1) 小组评价与反馈(表2-9)。

小组评价与反馈　　　　　　　　　　　　　　　　　　　表2-9

序号	内容	评定等级			
1	作业前准备	□优秀	□良好	□中等	□不及格
2	5S、安全、效率	□优秀	□良好	□中等	□不及格
3	电路连接	□优秀	□良好	□中等	□不及格
4	电机拆装	□优秀	□良好	□中等	□不及格
5	作业数据记录	□优秀	□良好	□中等	□不及格
6	工具仪器使用	□优秀	□良好	□中等	□不及格

(2) 教师评价与反馈 (表2-10)。

教师评价与反馈　　　　　　　　　　表2-10

序号	内　容	评定等级
1	电路连接	□优秀　□良好　□中等　□不及格
2	工具仪器使用	□优秀　□良好　□中等　□不及格
3	电机拆装	□优秀　□良好　□中等　□不及格
4	作业数据记录	□优秀　□良好　□中等　□不及格
5	5S、安全、效率	□优秀　□良好　□中等　□不及格

(3) 技能考核标准 (表2-11)。

技　能　考　核　标　准　　　　　　　表2-11

序号	项　目	操作内容	规定分	评分标准	得分
1	工具仪器使用	规范使用仪器设备	20分	电流表使用规范；绝缘电阻表使用规范	
2	电路连接	查询资料、完成电路搭建	10分	使用设备前检查初始状态；电路按照实验要求连接	
3	电机拆装	依据资料完成拆卸、分解、测试	22分	记录铭牌内容；正确判断绕组接线端；拆卸顺序	
4	电磁感应实验结果记录	工作过程记录数据	20分	电流数据记录；按照实验要求运用设备	
5	结论分析	分析结论	8分	进行结论分析；结论分析正确	
6	操作素养	5S、安全、效率	20分	5S、安全、效率	

思考与练习

(一) 单项选择题

1. 如图，在一圆形电流 I 所在的平面内，选取一个同心圆形闭合回路 L，则由安培环路定理可知(　　)。

A. $\oint \overline{B} \cdot \mathrm{d}\overline{l} = 0$，且环路上任意一点 B 为0。

B. $\oint \overline{B} \cdot \mathrm{d}\overline{l} = 0$，且环路上任意一点 B 不为0。

C. $\oint \overline{B} \cdot \mathrm{d}\overline{l} \neq 0$，且环路上任意一点 B 不为0。

D. $\oint \overline{B} \cdot \mathrm{d}\overline{l} \neq 0$，且环路上任意一点 B 为常数值。

2. 一根0.2m长的直导线,在磁感应强度$B=0.8T$的匀强磁场中以$v=3m/s$的速度做切割磁感线运动,直导线垂直于磁感线,运动方向跟磁感线、直导线垂直。那么,直导线中感应电动势的大小是(　　)。

　　A.0.48V　　　　B.4.8V　　　　C.0.24V　　　　D.0.96V

3. 图中的四个图分别表示匀强磁场的磁感应强度B、闭合电路中一部分直导线的运动速度v和电路中产生的感应电流I的相互关系,其中正确是(　　)。

A.　　B.　　C.　　D.

4. 如图所示,有导线ab长0.2m,在磁感应强度为0.8T的匀强磁场中,以3m/s的速度做切割磁感线运动,导线垂直磁感线,运动方向跟磁感线及直导线均垂直,磁场的有界宽度$L=0.15m$,则导线中的感应电动势大小为(　　)。

　　A.0.48V　　　　　　　　　　B.0.36V
　　C.0.16V　　　　　　　　　　D.0.6V

5. 在磁感应强度为B,方向如图所示的匀强磁场中,金属杆PQ在宽为L的平行金属导轨上以速度v向右匀速滑动,PQ中产生的感应电动势为e_1;若磁感应强度增为$2B$,其他条件不变,所产生的感应电动势大小变为e_2,则e_1与e_2之比及通过电阻R的感应电流方向为(　　)。

　　A.$2:1$,$b\to a$　　　　　　B.$1:2$,$b\to a$
　　C.$2:1$,$a\to b$　　　　　　D.$1:2$,$a\to b$

(二) 多项选择题

1. 下图均为闭合线框在匀强磁场中运动,请判断哪种情况能产生感应电流(　　)。

A.　　B.　　C.

D.　　E.

2. 如图所示在垂直于纸面向里的范围足够大的匀强磁场中有一个矩形闭合线圈$abcd$,线圈平面与磁场垂直,O_1O_2与O_3O_4都是线圈的对称轴,应使线圈怎样运动才能使其中产生感应电流(　　)。

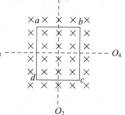

　　A. 向左或向右平动　　　　　　B. 向上或向下平动
　　C. 绕O_1O_2轴转动　　　　　　D. 绕O_3O_4轴转动

3. 下列关于感应电动势的说法中,正确的是(　　)。

　　A. 不管电路是否闭合,只要穿过电路的磁通量发生变化,电路中就有感应电动势

B. 感应电动势的大小跟穿过电路的磁通量变化量成正比

C. 感应电动势的大小跟穿过电路的磁通量变化率成正比

D. 感应电动势的大小跟穿过回路的磁通量多少无关,但跟单位时间内穿过回路的磁通量变化有关

4. 如图,电灯的灯丝电阻为2Ω,电池电动势为2V,内阻不计,线圈匝数足够多,其直流电阻为3Ω,先合上电键K,过一段时间突然断开K,则下列说法中错误的有(　　)。

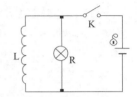

A. 电灯立即熄灭

B. 电灯立即先暗再熄灭

C. 电灯会突然比原来亮一下再熄灭,且电灯中电流方向与K断开前方向相同

D. 电灯会突然比原来亮一下再熄灭,且电灯中电流方向与K断开前方向相反

5. 如图所示,挂在弹簧下端的条形磁铁在闭合线圈内振动,如果空气阻力不计,则:(　　)。

A. 磁铁的振幅不变　　　　　　　B. 磁铁做阻尼振动

C. 线圈中有逐渐变弱的直流电　　D. 线圈中逐渐变弱的交流电

(三) 判断题

1. 从新能源汽车的应用上来看,MOSFET 和 IGBT 具有良好的应用前景。　(　　)

2. 新能源汽车的低压设备供电是通过相应的功率变换技术完成的。　(　　)

3. 当集电极电流小于规定的临界值ICM时,该寄生晶体管因有过高的正偏置被触发导通,使PNP管也饱和导通,导致IGBT的栅极失去控制作用,这种现象称为擎住效应。

(　　)

4. MCT 在当前的电力电子器件中评价最高,它在未来的新能源汽车驱动系统中具有良好的应用前景。　(　　)

5. 功率二极管的静态特性主要指其伏安特性　(　　)

6. 由 MCT 正向伏安特性和温度的关系可知,当结温升高时,通态电压也升高。(　　)

7. IGBT是电动汽车中的核心器件之一,是动力系统的重要组成部分。(　　)

8. 因为结电容的存在,功率二极管在零偏置(外加电压为零)、正向偏置和反向偏置三种状态之间转换的时候,必然经历一个过渡过程。　(　　)

(四) 简答题

1. 绘制下列磁感线各点处的磁场方向。

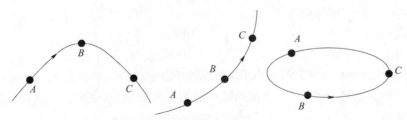

2. 绘制通电直导线和通电螺线管的磁感线分布。

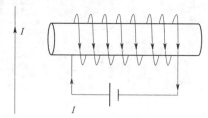

3. 在图 2-34 中标出通电螺线管的 N 极和 S 极。

（　）极　　　　　（　）极　　（　）极　　　　　（　）极

4. 判断下列通电导线的受力方向。

　□ 向左　　　　　　　□ 向左　　　　　　　□ 向左
　□ 向右　　　　　　　□ 向右　　　　　　　□ 向右

5. 填写下面电机各结构的名称。

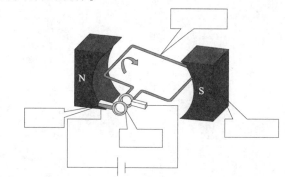

6. 写出下列磁通量的大小。

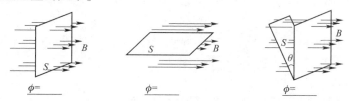

$\phi=$　　　　　　　$\phi=$　　　　　　　$\phi=$

模块三 新能源汽车驱动电机结构原理与故障检修

 学习目标

★ 知识目标
1. 了解电动汽车驱动电机的特性要求;
2. 熟悉电动汽车驱动电机的分类;
3. 了解电动汽车驱动电机的铭牌参数性能指标;
4. 理解永磁同步电动机的结构组成、工作原理;
5. 理解交流感应电动机的结构组成、工作原理。

★ 技能目标
1. 掌握维修手册使用及电机参数查找的方法;
2. 掌握驱动电机总成更换的方法;
3. 掌握驱动桥的检测判断的方法;
4. 掌握旋变传感器的检测判断的方法。

★ 素养目标
1. 培养良好的学习习惯和安全规范意识;
2. 培养环保意识和团结合作精神;
3. 培养服务意识和交流沟通的能力。

 建议课时:**20** 课时。

一辆新能源电动汽车,行驶过程中发出异响,仪表故障灯点亮,经过专业技术诊断是驱动电机系统故障导致。需要对电机进行检测维修。

一、新能源汽车驱动电机的分类及特点

能够用于驱动的电机很多,分类方式也多种多样。目前,新能源汽车上最常用的是三相交流永磁同步电动机和三相交流感应式电动机,而驱动电机的分类、铭牌参数和性能要求是进一步学习电机的基础。

(一)电动汽车对驱动电机的特性要求

与传统工业驱动电机不同,电动汽车的驱动电机通常要求能够频繁起动、停车、加速、减速,在低速和爬坡时要求电机输出高转矩,在高速行驶时要求电机输出高转速,此外还要求电机有较宽的调速范围以满足车速变化的需要。

(1)体积小质量轻。为了充分利用有限的车载空间,减小车辆质量,降低运行中的能量消耗,应尽量减小驱动电机的体积和质量。驱动电机可以采用铝合金外壳,各种控制装置和冷却系统等也要求尽可能轻量化和小型化。

(2)全速段高效运行。一次充电续驶里程长,特别是在车辆频繁起停或变速运行的情况下,驱动电机应具有较高的效率。

(3)低速大转矩及宽范围的恒功率特性。即使没有变速器,驱动电机本身应能满足所需的转矩特性,以获得在起动、加速、行驶、减速、制动等各种运行工况下的功率和转矩要求。驱动电机应具有自动调速功能,可以减轻驾驶人的操作强度,提高驾驶的舒适度,并且能够达到与传统内燃机汽车同样的控制响应。

(4)高可靠性。在任何运行工况下都应具有高可靠性,以确保车辆的行驶安全。

(5)高电压。在允许的范围内尽可能采用高电压,可以减小驱动电机、控制器、导线等设备的尺寸,特别是可以降低逆变器的成本。

(6)安全性能。动力蓄电池组、驱动电机等强电部件的工作电压能达到300V以上,对电气系统的安全性和控制系统的安全性提出了更高的要求,新能源汽车驱动电机必须符合相关车辆电气控制的安全性能标准和规定。

(7)高转速。与低速驱动电机相比,高转速驱动电机的体积和质量较小,有利于降低整车整备质量。

(8)使用寿命长。为降低新能源汽车的使用成本,驱动电机的使用寿命应和车辆保持一致,真正实现节能环保的目标。

同时驱动电机还要求具有耐温和耐潮性能好、运行噪声低、结构简单、成本低、适合批量生产、使用维护方便等特点。

(二)电动汽车驱动电机的主要分类

驱动电机可分为两大类,即有换向器电机(有刷电机)和无换向器电机(无刷电机),如图3-1所示。习惯上将有换向器的直流电动机简称为直流电机。由于技术成熟、控制简单,直流电机曾在电力驱动领域有着突出的地位。实际上各类直流电机包括(串励、并励、他励、复励和永磁直流电机)都曾在电动汽车上得到应用。但其电刷和换向器需要经常维护,可靠性低,正在被交流无刷电机取代。

无换向器电机包括感应电机、永磁同步电机、永磁无刷直流电机、开关磁阻电机等。无换向器电机在效

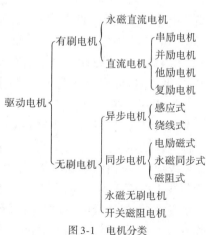

图3-1 电机分类

率、功率密度、运行成本、可靠性等方面明显优于传统的直流电机,因此,在现代电动汽车中获得广泛应用。

1. 电机性能参数

(1) 电机的额定工作电压。电机正常工作时的电压称为额定工作电压,电机的参数都是电机工作于额定工作电压时的数值。电机的工作电压也可以低于额定工作电压,此时各项参数数值都会下降。电机的工作电压也可以暂时高于额定工作电压,但不可过高。

(2) 电机的额定电流。电机在额定工作点运行时所消耗的电流称为额定电流。

(3) 电机的额定转速。电机在额定工作点运转时的转速称为额定转速。

(4) 起动转矩。电机起动时所产生的旋转力矩称为起动转矩。感应电机通常起动转矩为额定转矩的125%以上。与之对应的电流称为起动电流,通常该电流为额定电流的6倍左右。

(5) 额定负载转矩。电机在额定电压、额定转速时输出的转矩称为额定负载转矩。电机使用时应留有一定的负载余量。

(6) 堵转转矩。电机在额定电压下,加在输出轴上的,最终使电机停转的转矩称为堵转转矩。

(7) 电机的功率。电机的功率由转速和转矩决定。输出功率

$$P(\text{kW}) = 转矩\ T(\text{N}\cdot\text{m}) \times 转速\ n(\text{r/min})/9550 \tag{3-1}$$

(8) 电机的效率。电机内部功率损耗的大小是用效率来衡量的,输出功率与输入功率的比值称为电机的效率。效率高,说明损耗小,节约电能。但过高的效率要求,将使电机的成本增加。一般感应电机在额定负载下其效率为75%~92%。感应电机的效率也随着负载的大小而变化。空载时效率为零,负载增加,效率随之增大,当负载为额定负载的0.7~1倍时,效率最高,运行最经济。

(9) 转动惯量。转动惯量是具有质量的物体维持其固有运动状态的一种性质,其大小直接影响电机的响应速度,转动惯量越大电机响应越慢,转动惯量越小电机响应越快。

(10) 功率密度。功率密度指电机每单位质量所能获得的输出功率值,功率密度越大,电机有效材料的利用率就越高。

(11) 功率因数。感应电机的功率因数是衡量在感应电机输入的视在功率中,真正消耗的有功功率所占比重的大小,其值为输入的有功功率 P 与视在功率 S 之比,用 $\cos\psi$ 来表示。

电机在运行中,功率因数是变化的,其变化大小与负载大小有关,电机空载运行时,定子绕组的电流基本上是产生旋转磁场的无功电流分量,有功电流分量很小。此时,功率因数很低,约为0.2,当电机带上负载运行时,要输出机械功率,定子绕组电流中的有功电流分量增加,功率因数也随之提高。当电机在额定负载下运行时,功率因数达到最大值,一般为0.7~0.9。因此,电机应避免空载运行,防止"大马拉小车"现象。

(12) 电机绝缘等级。

A级绝缘:包括浸渍处理过的棉纱、丝、纸等有机纤维材料以及普通漆包线上的磁漆等,且目前只在变压器上应用,最高允许工作温度为105℃。

E级绝缘:包括用聚酯树脂、环氧树脂、三醋酸纤维等制成的薄膜,聚乙烯醇缩醛、高强度漆包线上的磁漆等,最高允许工作温度为120℃。

B级绝缘:包括云母、石棉、玻璃丝等无机物;用提高了耐热性能的有机漆或树脂作为黏合物制成的材料及其组合物;聚酯高强度漆包线上的磁漆;最高允许工作温度为130℃。

F级绝缘:包括云母、石棉、玻璃丝等无机物用硅有机化合物改性的合成树脂漆,或耐热性能符合这一要求的醇酸、环氧等合成树脂作为黏合物而制成的材料或其组合物,最高允许工作温度为155℃。

H级绝缘:包括硅有机物以及云母、石棉、玻璃丝等无机物用硅有机漆作为黏合物制成的材料,最高允许工作温度为180℃。

C级绝缘:包括无黏合剂的云母、石英、玻璃等;用热稳定性能特别优良的硅有机树脂,聚酰亚胺浸渍漆等处理过的石棉,玻璃纤维织物或其制成品;聚酰亚胺基漆包线的磁漆,聚酰亚胺薄膜等,C级绝缘等级是要求更高的绝缘材料,正在生产中推广使用,其最高允许工作温度尚未确定,但应在180℃以上。

(13)防护等级。防护标志由字母IP和两个表示防护等级的表征数字组成,见表3-1。第一位数字表示:防止人体触及或接近壳内带电部分和触及壳内转动部件(光滑的旋转轴和类似部件除外),以及防止固体异物进入电机(表示防尘等级)。第二位数字表示:防止由于电机进水而引起的有害影响(表示防水等级)。

防 护 等 级 定 义　　　　　　　　　　　　　　　　表3-1

第一位数字	简　　称	定　　义
0	无防护	没有专门的防护
1	防护大于50mm的固体	能防止直径大于50mm的固体异物进入壳内。能防止人体的某一大面积部分(如手)偶然或意外地触及壳内带电或运动部分,但不能防止有意识地接近这些部分
2	防护大于12mm的固体	能防止直径大于12mm的固体异物进入壳内。能防止手指触及壳内带电或运动部分
3	防护大于2.5mm的固体	能防止直径大于2.5mm的固体异物进入壳内。能防止厚度或直径大于2.5mm的工具、金属线等触及壳内带电或运动部分
4	防护大于1mm的固体	能防止直径大于1mm的固体异物进入壳内。能防止直径或厚度大于1mm的导线或片条触及壳内带电或运转部分
5	防尘	能防止灰尘进入达到影响产品正常运行的程度,完全防止触及壳内带电或运动部分
6	尘密	能完全防止灰尘进入壳内,完全防止触及壳内带电或运动部分
第二位数字	简　　称	定　　义
0	无防护	没有专门的防护
1	防滴	垂直的滴水应不能直接进入电机内部
2	15°防滴	与铅垂线成15°角范围内的滴水,应不能直接进入电机内部
3	防淋水	与铅垂线成60°角范围内的淋水,不能直接进入电机内部
4	防溅	任何方向的溅水对电机应无有害的影响
5	防喷水	任何方向的喷水对电机应无有害的影响,标准为1m处
6	防海浪或强加喷水	猛烈的海浪或强力的喷水对电机应无有害影响
7	浸水	电机在规定的压力和时间下浸在水中,其进水量应无有害影响
8	潜水	电机在规定的压力下长时间浸在水中,其进水量应无有害影响

电机常用的防护等级有IP23、IP44、IP54、IP55、IP56、IP65。

(14) 工作制。工作制分为S1连续工作制,S2短时工作制,S3周期工作制。

(15) 负载类型。负载类型包括恒转矩负载,如带式输送机、潜水泵、空压机;恒功率负载,如打卷机、车床、钻床、磨床;二次方律负载,如离心式风机和水泵;直线律负载,如轧钢机、碾压机;混合型负载,如大部分金属切削机床。

(16) 冷却方式。冷却方式有自然冷却、强迫风冷、水冷。

(17) 恒转矩范围。恒转矩范围是指恒转矩调速时的频率范围。

(18) 恒功率范围。恒功率调速时的频率范围称为恒功率范围。

(19) 极对数。相交流电机每组线圈都会产生N、S磁极,每个电机每相含有的磁极个数就是极数。由于磁极是成对出现的,所以电机有2、4、6、8……极之分。

(20) 接法。接法是指定子绕组星型连接还是三角形连接。

2. 新能源汽车电机的选择

目前新能源汽车采用的驱动电机主要包括:直流电机、交流感应电机、永磁同步电机、直流无刷电机和开关磁阻电机。选择新能源汽车驱动电机的关键是电机的机械特性。关于机械特性可以用转矩-转速特性和功率-转速特性曲线来表示,并可作为选择电机的参考依据。

在选择新能源汽车的驱动电机时,可以向电机生产厂家提出所需要的各种性能参数,以作为电机设计的依据。实际上大多数情况下是新能源汽车制造商根据电机生产厂家提供的技术性能参数选择现成的电机。可供电动汽车选用电机种类繁多,功率范围面很广。新能源汽车对于驱动电机的调速范围、可靠性、在恶劣环境下的工作能力等方面有比较高的要求。

(1) 额定电压的选择。电机电压的选择主要依据车辆总体参数的要求来设计,车辆的自重、动力蓄电池等相关参数确定后,才能确定电机的电压、转速等参数。即当车辆自重确定后,动力蓄电池的个数就确定了,电机的电压等级也随之确定。但总体要求是:尽可能提高电压等级,这样就可以使电机在满足驱动要求的情况下,使电机的功率小一些,电机的电流也小一些,这样动力蓄电池的容量选择、安装空间、安装方式等就更容易处理。

(2) 额定转速的选择。根据电动汽车的速度、动力性能的要求,需要选择不同转速的驱动电机。

①低速电机。

低速电机的转速为3000~6000r/min,扩大的恒功率区的低速电机额定转矩高、转子电流大、电机的尺寸和质量较大。相应的转换器、控制器的尺寸也较大,各种电器的损耗较大,但减速器的速比较小。一般低速电机的转动惯量大、反应慢,不太适用于电动汽车。

②中速电机。中速电机的转速为6000~10000r/min,它的各种参数介于低速电机和高速电机之间。通常电动汽车多采用中速电机作为驱动电机。

③高速电机。高速电机的转速为10000~15000r/min,扩大的恒功率区宽,尺寸和质量较小。相应地转换器和控制器的尺寸也较小,各种电器内在的损耗较小,而其减速器的速比要大大增加,通常需要采用行星齿轮传动机构。高速电机的使用主要受电磁材料的性能、高速轴承的承载能力的限制。一般高速电机的转动惯性小、起动快、停止也快,电动汽车常采用高速电机作为驱动电机。

3. 电动汽车驱动电机性能对比

电动汽车常用驱动电机主要性能参数对比见表 3-2。

驱动电机性能对比　　　　表 3-2

性　　能	直流电机	交流感应电机	永磁同步电机	开关磁阻电机
功率密度	差	一般	好	一般
力矩转速性能	一般	好	好	好
转速范围(r/min)	4000~6000	9000~15000	4000~10000	>15000
最大功率(kW)	85~89	94~95	95~97	<90
可操作性	差	好	好	好
结构坚固性	差	好	一般	好
体积、质量	大、重	一般、一般	小、轻	小、轻
功率10%负荷率(%)	80~87	79~85	90~92	8~86

4. 永磁材料简介

永磁材料又称"硬磁材料"。一经磁化即能保持恒定磁性的材料。具有宽磁滞回线、高矫顽力和高剩磁，如图 3-2 所示。使用中，永磁材料工作于深度磁饱和及充磁后磁滞回线的第二象限退磁部分。常用的永磁材料分为铝镍钴系永磁合金、铁铬钴系永磁合金、永磁铁氧体、稀土永磁材料和复合永磁材料。

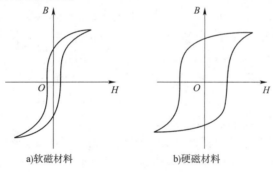

图 3-2　磁滞回线

（1）铝镍钴系永磁合金。以铁、镍、铝元素为主要成分，还含有铜、钴、钛等元素。具有高剩磁和低温度系数，磁性稳定。分铸造合金和粉末烧结合金两种。20 世纪 30~60 年代应用较多，现多用于仪表工业中制造磁电系仪表、流量计、微特电机、继电器等。

（2）铁铬钴系永磁合金。以铁、铬、钴元素为主要成分，还含有钼和少量的钛、硅元素。其加工性能好，可进行冷热塑性变形，磁性类似于铝镍钴系永磁合金，并可通过塑性变形和热处理提高磁性能。用于制造各种截面小、形状复杂的小型磁体元件。

（3）永磁铁氧体。主要有钡铁氧体和锶铁氧体，其电阻率高、矫顽力大，能有效地应用在大气隙磁路中，特别适于作小型发电机和电动机的永磁体。永磁铁氧体不含贵金属镍、钴等，原材料来源丰富，工艺简单，成本低，可代替铝镍钴永磁体制造磁分离器、磁推轴承、扬声器、微波器件等。但其最大磁能积较低，温度稳定性差，质地较脆、易碎，不耐冲击振动，不宜作测量仪表及有精密要求的磁性器件。

(4) 稀土永磁材料。主要是稀土钴永磁材料和钕铁硼永磁材料。前者是稀土元素铈、镨、镧、钕等和钴形成的金属间化合物，其磁能积可达碳钢的 150 倍、铝镍钴永磁材料的 3~5 倍、永磁铁氧体的 8~10 倍，温度系数低，磁性稳定，矫顽力高达 800kA/m。主要用于低速转矩电动机、启动电动机、传感器、磁推轴承等的磁系统。钕铁硼永磁材料是第三代稀土永磁材料，其剩磁、矫顽力和最大磁能积比前者高，不易碎，有较好的机械性能，合金密度低，有利于磁性元件的轻型化、薄型化、小型和超小型化。但其磁性温度系数较高，限制了它的应用。

(5) 复合永磁材料。由永磁性物质粉末和作为胶粘剂的塑性物质复合而成。由于其含有一定比例的胶粘剂，故其磁性能比相应的没有胶粘剂的磁性材料显著降低。除金属复合永磁材料外，其他复合永磁材料由于受胶粘剂耐热性所限，使用温度较低，一般不超过 150℃。但复合永磁材料尺寸精度高，机械性能好，磁体各部分性能均匀性好，易于进行磁体径向取向和多极充磁。主要用于制造仪器仪表、通信设备、旋转机械、磁疗器械等。

(6) 永磁体充磁。钕铁硼磁铁的广泛应该在于它的物理特性。最重要的是钕铁硼磁体的充磁方法，常用的充磁方法有直流充磁、脉冲磁场充磁、超导磁场充磁方法三种。

直流充磁：在电磁铁线圈中通直流电，产生充磁磁场。一般用于较小的永磁体，但由于耗能大、起动慢、冷却困难以及难以产生强的充磁磁场，现已很少使用。

脉冲磁场充磁：先将交流电转成直流电存储在电容器中，然后使电容瞬时放电或用大容量晶压管放电，在冲刺线圈内产生强的脉冲电流，从而产生强的脉冲磁场，使线圈内的磁体被磁化。脉冲放电时，几毫秒内的脉冲电流可达到 100kA 以上。一般脉冲充磁装置所能提供的最大磁场约为 6~10T，原则上可以将矫顽力为 2400kA/m 的永磁材料在退磁状态下充到饱和。由于它具有易产生强磁场、充磁周期短、适于连续充磁、能量损耗小、造价较低、冷却问题较易解决、设备体积小等优点，故得到广泛的应用。

超导磁场充磁方法：用超导材料绕制螺旋管，降温到超导临界温度一下，其电阻会突然消失，只要在超导线圈上加很小的电压，就可以产生很强的超导磁场。这种装置需要液态氮等制冷剂。

5. 永磁同步电机与交流感应电机的比较

永磁同步电机和交流感应电机已成为乘用车领域主流选择。永磁同步电动机的永磁是指在制造电机转子时加入了永磁体，使电机的性能得到进一步的提升，这也是永磁同步电机与交流感应电机的最大区别。所谓同步，就指的是让电机中的转子转速与定子绕组的电流频率始终保持一致。而交流感应电机中由于转子总是在"追赶"定子旋转磁场的转速，并且为了能够切割磁感应线而产生感应电流，转子的转速总要比定子旋转磁场的转速慢，这也就形成了异步运行，即交流感应电机。永磁同步电机本身具有转矩密度、功率密度、效率较高、调速性能好等优点，还有自身体积小、质量轻等优势。但它并不是没有缺点，除了原料带来的成本问题外，它会有在高温下磁性衰减的问题，这也是为何中小型纯电动车不能进行长时间的高速巡航。相对来讲，交流感应电机则具有结构简单、可靠性较高、拥有较好的高速性能以及加速性能等优势；这也是一些以性能标榜的电动跑车以及中大型 SUV 会偏爱它的问题，如特斯拉 Model S、Model X、蔚来 ES8 等都在使用。不过它的缺点则体现在转矩密度、功率密度、效率密度偏低，并且还伴随着体积大、质量大、发热量大的问题。总体来看，可以理解为搭载永磁同步电机的电动车续航相对更好一些，搭载交流感应电动机的电动车加速性能更好。

1)永磁同步电机的优点

随着电力电子技术、新型电机控制理论和稀土永磁材料的快速发展,永磁同步电机得以迅速地推广应用。永磁同步电机与普通感应电机相比,具有如下优势。

(1)效率高。这里所说的效率高不仅仅指额定功率点的效率高于普通三相感应电机,而是指其在整个调速范围内的平均效率。永磁同步电机的励磁磁场由永磁体提供,转子不需要励磁电流,电机效率提高,与感应电机相比,任意转速均节约电能,尤其在转速较低的时候这种优势尤其明显。

(2)起动转矩。永磁同步电机一般也采用感应起动方式,由于永磁同步电机正常工作时转子绕组不起作用,在设计永磁电机时,可使转子绕组完全满足高起动转矩的要求,例如使起动转矩从1.8倍上升到2.5倍,甚至更大。

(3)对电网运行的影响。因感应电机的功率因数低,电机要从电网中吸收大量的无功电流,造成电网输变电设备及发电设备中有大量无功电流,进而使电网的品质因数下降,加重了电网及强变电设备及发电设备的负荷,同时无功电流在电网、输变电设备及发电设备中均要消耗部分电能,造成电力电网效率变低,影响了电能的有效利用。同样由于感应电机的效率低,要满足输出功率的要求,势必要从电网多吸收电能,进一步增加了电网能量的损失,加重了电网负荷。在永磁同步电机转子中无感应电流励磁,电机的功率因数高(可近似为1),提高了电网的品质因数使电网中不再需要安装补偿器。同时,因永磁同步电机的高效率,也节约了电能。

(4)体积小,质量轻。由于使用了高性能的永磁材料提供磁场,使得永磁同步电机的气隙磁场较感应电机增强,永磁同步电机的体积和质量较感应电机可以大大的缩小。例如某3kW的交流电机质量为40kg,而30kW永磁同步电机仅为45kg。

(5)故障率更低、使用普遍。由于使用了高性能的稀土永磁材料提供磁场,因此故障率更低,使用更加普遍。

(6)响应速度快。相同功率的永磁同步电机转子转动惯量小,因此响应迅速,起步加速性能好,图3-3为2.2kW的永磁同步电机和交流感应电机在相同载荷时由静止加速到1500r/min时的阶跃响应曲线,同步电机液压源阶跃响应时间为90ms,明显优于感应电机的370ms。

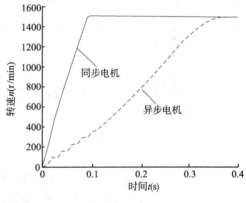

图3-3 电机响应速度

2)永磁同步电机相对于普通感应电机存在主要问题

(1)控制难度大。永磁同步电机制成后不需外界能量即可维持其磁场,但也造成从外部调节、控制其磁场极为困难。永磁发电机难以从外部调节其输出电压和功率因数,永磁直流电动机不能再用改变励磁的办法来调节其转速。

永磁同步电机一般采用闭环控制,电机本身自带转速位置传感器,如旋转变压器、光电码盘;而感应电机即可开环控制(如通用变频调速),也可闭环控制(如私服控制)。

(2)不可逆退磁问题。如果设计或使用不当,永磁同步电机在过高(钕铁硼永磁)或过低（铁氧体永磁）温度时，在冲击电流产生的电枢反应作用下，或在剧烈地机械振动时有可能产生不可逆退磁，或叫失磁，使电机性能降低，甚至无法使用。

永磁同步电机一般在定子绕组中预埋温度传感器，检测电机温度，防止过载引起电机温升过大造成退磁。同时，对转速控制也极为严格，如"失步"（转子磁场与定子旋转磁场不同步）也会对电机造成严重不良影响，容易引起退磁。

（3）成本问题。铁氧体永磁同步电机，特别是微型永磁直流电动机，由于结构工艺简单、质量较轻，总成本一般比电励同步电机低，因而得到了极为广泛的应用。而稀土永磁目前价格还比较贵，稀土永磁电机的成本一般比电励磁电机高，这需要用它的高性能和运行费用降低来补偿。因此，永磁同步电机适于小功率的场合。

二、永磁同步电机的构造原理与检修

永磁同步电机在国内驱动电机市场中所占份额近95%。由于我们国家在稀土资源方面的优势，以及具有功率密度大、峰值效率高、尺寸小、质量轻、结构多样化及应用范围广等特性，永磁同步电机在国内装机量快速提升，2021年前11月国内永磁同步电机装机量达269万台，装机占比达到94%，在新能源驱动电机市场中占据绝对主导地位。

（一）永磁同步电机的基本结构

永磁同步电机（Permanent Magnet Synchronous Motor，PMSM）具有高效、高控制精度、高转矩密度、良好的转矩平稳性及低振动噪声的特点，通过合理设计永磁三路结构能获得较高的弱磁性能，在电动汽车驱动方面具有很高的应用价值，受到国内外电动汽车界的高度重视，是最具竞争力的电动汽车驱动电机系统之一。

永磁同步电机分为正弦波驱动电流的永磁同步电机和方波驱动电流的永磁同步电机。这里介绍的主要是以三相正弦波驱动的永磁同步电机。

永磁同步电机的结构示意图如图3-4所示，主要由定子和转子电机轴、轴承、端盖、旋变传感器、接线盒、动力线等构成。

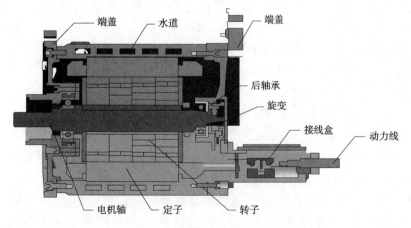

图3-4 永磁同步电机的结构

1. 永磁同步电机的定子

永磁同步电机定子与普通电动机基本相同,由电枢铁芯和电枢绕组构成,如图 3-5 所示。电枢铁芯一般采用 0.5mm 硅钢冲片叠压而成,对于具有高效率指标或频率较高的电动机,为了减少铁耗,可以考虑使用 0.35mm 的低损耗冷轧无取向硅钢片。电枢绕组则普遍采用分布、短距绕组;对于极数较多的电动机,则普遍采用分数槽绕组;需要进一步改善电动势波形时,也可以考虑采用正弦绕组或其他绕组。

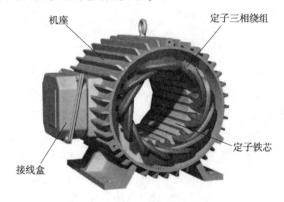

图 3-5　永磁同步电机的定子结构

2. 永磁同步电机的转子

转子主要由永磁体、转子铁芯和转轴等构成,如图 3-6 所示。其中永磁体主要采用铁氧体永磁和钕铁硼永磁材料;转子铁芯可根据磁极结构的不同,选用实心钢,或采用钢板或硅钢片冲制后叠压而成。

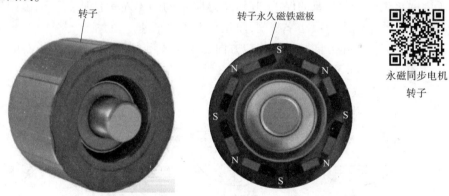

永磁同步电机转子

图 3-6　永磁同步电机的转子结构

与普通电动机相比,永磁同步电机还必须装有转子永磁体位置检测器,用来检测磁极位置,并以此对电枢电流进行控制,达到对永磁同步电机驱动控制的目的。

按照永磁体在转子上位置的不同,永磁同步电动机的磁极结构可分为表面式和内置式两种。

表面式转子磁路结构中,永磁体通常呈瓦片形,并位于转子铁芯的外表面上,永磁体提供磁通量的方向为径向。表面式结构又分为凸出式和嵌入式两种,如图 3-7 所示。对采用稀土永磁材料的电动机来说,表面凸出式转子在电磁性能上属于隐极转子结构;而嵌入式转子的相邻两永磁磁极间有着磁导率很大的铁磁材料,故在电磁性能上属于凸极转子结构。

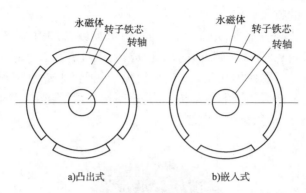

a) 凸出式　　　　　b) 嵌入式

图 3-7　表面式转子磁路结构

表面凸出式转子具有结构简单、制造成本较低、转动惯量小等优点，在矩形波永磁同步电机和恒功率运行范围不宽的正弦波永磁同步电机中得到了广泛应用。此外，表面凸出式转子结构中的永磁磁极易于实现最优设计，使之成为能使电动机气隙磁场密度波形趋近于正弦波的磁极形状，可显著提高电动机乃至整个传动系统的性能。

(1) 表面凸出式转子结构。表面嵌入式转子结构可充分利用转子磁路不对称性所产生的磁阻转矩，提高电机的功率密度，动态性能较凸出式有所改善，制造工艺也较简单，常被某些调速永磁同步电机所采用，但漏磁系数和制造成本都较凸出式大。

(2) 内置式转子磁路结构。内置式结构的永磁体位于转子内部，永磁体外表面与定子铁芯内圆之间有铁磁物质制成的极靴，极靴中可以放置铸铝笼或铜条笼，起阻尼或起动作用，动、稳态性能好，广泛用于要求有异步起动能力或动态性能高的永磁同步电动机。内置式转子内的永磁体受到极靴的保护，其转子磁路结构的不对称性所产生的磁阻转矩也有助于提高电动机的过载能力或功率密度，而且易于弱磁扩速。

按永磁体磁化方向与转子旋转方向的相互关系，内置式转子结构又可分为径向式、切向式、U 形混合式和 V 形径向式，如图 3-8 所示。

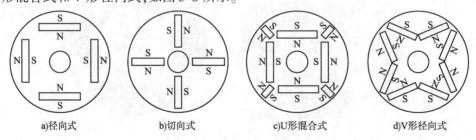

a) 径向式　　　b) 切向式　　　c) U形混合式　　　d) V形径向式

图 3-8　内置式转子结构

径向式转子结构的永磁同步电机的磁钢或者放在磁通量轴的非对称位置上或同时利用径向切向充磁的磁钢以产生高磁感应强度。该结构的优点是漏磁系数小，转轴上不需采取隔磁措施，极弧系数易于控制，转子冲片机械强度高，安装永磁体后转子不易变形等。

切向式转子结构的转子有较大的惯性，漏磁系数较大，制造工艺和成本较径向式有所增加。其优点是一个极距下的磁通量由相邻两个磁极并联提供，可得到更大的每极磁通量。尤其当电动机极数较多、径向式结构不能提供足够的每极磁通量时，这种结构的优势就显得更为突出。此外，采用该结构的永磁同步电机的磁阻转矩可占到总电磁转矩的 40%，对提高电机的功率密度和扩展恒功率运行范围都是很有利的。

混合式结构集中了径向式和切向式的优点,但结构和制造工艺都比较复杂,制造成本也比较高。

3. 转子位置传感器

在永磁同步电机中,通常转子位置传感器与电机轴连在一起,用来随时测定转子磁极的位置,为电子换向提供正确的信息。也有例外,像洗衣机用的 DD 电机,往往将 HALL 安装到定子上,永磁体安装在转子上,定子转子这里其实只是个相对的概念。

目前,PMSM 系统的位置传感器有很多种方式,像光电编码式、磁敏式、和电磁式等,也有控制精度要求相对较高的场合,采用正弦或余弦旋转变压器等位置传感器的,但无论哪种测量方式,其本质都是用来测量转子位置信息的,只是安装的体积、方便程度、成本及可靠性要求不同而已。

4. 逆变器

位置传感器将转子的位置信号电平反馈给控制芯片,控制芯片经过电流采样和数学变换,并根据反馈的位置信息经过闭环运算,重新按新的 PWM 占空比输出,来触发功率器件（IGBT 或 MOSFET）,实际上逆变器是自控的,由自身运行来保证电机的转速和电流输入频率同步,并避免振荡和失步的发生。

(二) 永磁同步电机的工作原理

永磁同步电机的驱动电路如图 3-9 所示,定子转组产生旋转磁场的机理与感应电动机是相同的,其转子通过永久磁铁产生磁场,两个磁场相互作用产生转矩,定子绕组产生的旋转磁场,可看作是一对旋转磁极吸引转子的磁极随其一起旋转。永磁同步电机带负载时,气隙磁场是永磁体磁动势和电枢磁动势共同建立的,电枢磁动势对气隙磁场有影响,电枢磁动势的基波对气隙磁场的影响称为电枢应。

永磁同步电机的工作原理如图 3-10 所示,图中 θ 为功率角,电机的转子是一个永磁体,N 极、S 极沿圆周方向交替排列,定子可以看成是一个以速度 n_0 旋转的磁场。电机运行时,定子存在旋转磁动势,转子像磁针在旋转磁场中旋转一样,随着定子的旋转磁场同步旋转。

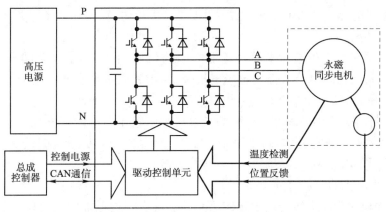

图 3-9 永磁同步电机驱动电路

同步电机转速可表示为

$$n = n_0 = \frac{60f_s}{p_n} \tag{3-2}$$

式中：f_s——电源频率；

p_n——电机极对数。

永磁同步电机的定子是三相对称绕组，三相正弦波电压在定子三相绕组中产生对称三相正弦波电流，并在气隙中产生旋转磁场(图3-10)。旋转磁极与已充磁的磁极作用，带动转子与旋转磁场同步旋转并力图使定、转子磁场轴线对齐。当外加负载转矩以后，转子磁场轴线将落后定子磁场轴线一个功率角，负载越大，功率角也越大，直到一个极限角度，电机停止。由此可见，同步电机在运行中，转速必须与频率严格成比例旋转，否则会失步停转。所以，它的转速与旋转磁场同步，其静态误差为零。在负载扰动下，只是功率角变化，

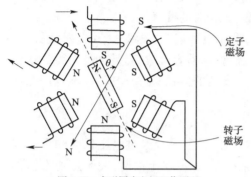

图3-10　永磁同步电机工作原理

而不引起转速变化，它的响应时间是实时的。

1. 永磁同步电机的特点及应用

1) 永磁同步电机的优点

(1) 用永磁体取代绕线式同步电动机转子中的励磁绕组，从而省去了励磁线圈、集电环和电刷，以电子换相实现无刷运行，结构简单、运行可靠。

(2) 永磁同步电机的转速与电源频率间始终保持准确的同步关系，控制电源频率就能控制电机的转速。

(3) 永磁同步电机具有较硬的机械特性，对于因负载的变化而引起的电动机转矩的扰动具有较强的承受能力，瞬间最大转矩可以达到额定转矩的3倍以上，适合在负载转矩变化较大的工况下运行。

(4) 永磁同步电机的转子为永久磁铁，无需励磁，因此，电动机可以在很低的转速下保持同步运行，调速范围宽。

(5) 永磁同步电机与异步电机相比，不需要无功励磁电流，因而功率因数高，定子电流和定子铜耗小，效率高。

(6) 体积小质量轻。近些年来随着高性能永磁材料的不断应用，永磁同步电机的功率密度得到很大提高，比起同容量的交流感应电机来，体积和质量都有较大的减少，使其适合应用在许多特殊场合。

(7) 结构多样化，应用范围广。永磁同步电机由于转子结构的多样化，产生了特点和性能各异的许多品种，从工业到农业，从民用到国防，从日常生活到航空航天，从简单电动具到高科技产品，几乎无所不在。

2) 永磁同步电机的缺点

(1) 由于永磁同步电机转子为永磁体，无法调节，必须通过加定子直轴去磁电流分量来削弱磁场，这会增大定子的电流，增加电动机的铜耗。

(2)永磁同步电动机的磁钢价格较高。

由此可见,永磁同步电动机体积小、质量轻、转动惯量小、功率密度高(可达1kW/kg),适合电动汽车空间有限的特点;另外,转矩惯量比大、过载能力强,尤其低转速时输出转矩大,适合电动汽车的起动加速。因此,永磁同步电机得到国内外电动汽车界的广泛重视,并已在日本得到了普遍应用,日本新研制的电动汽车大都采用永磁同步电机驱动。比较典型的是在丰田普锐斯混联式混合动力汽车上的应用。

丰田普锐斯驱动电机为交流永磁同步电机,采用钕磁铁(永久磁铁)转子。其特点是输出功率高、低速转矩特性好。THSⅡ的500V最高电压使电动机的输出功率比THS系统(最高电压为274V)提高了1.5倍,即从33kW提高到50kW,而电机的尺寸保持不变。在电动机控制方面,中转速范围增加全新的过调制控制技术,保留原来的低速和高速控制方法。通过改进脉冲宽度调制方法,中速范围的输出比原来的最大值增加大约30%。

丰田普锐斯发电机也采用交流永磁同步发电机,向高功率电动机提供充足的电能。发电机高速旋转,以增大输出功率。采用增加转子强度等措施,将最大功率输出时的转速从6500r/min提高到10000r/min,高转速明显地提高了中转速范围的电力,改善了低转速范围的加速性能,此外,发电机还用作发动机的起动机。起动时,发电机(起动机)驱动分配装置的太阳轮带动发动机旋转。

3)永磁同步电机的运行特性

永磁同步电机的运行特性主要包括机械特性和工作特性。永磁同步电机稳态正常运行时,转速始终保持同步不变,因此,其机械特性为平行于横轴的直线,调节电源频率来调节电机转速时,转速将严格地与频率成正比变化,如图3-11所示。

永磁同步电机的工作特性是指当电源电压恒定时,电动机的输入功率 P_1、电枢电流 I_a、效率 η、功率因数 $\cos\phi$ 等随输出功率变化的关系,如图3-12所示。

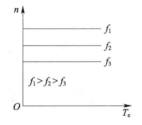

图3-11 永磁同步电机的机械特性　　图3-12 永磁同步电机的工作特性

从图3-12中可以看出,在正常工作范围内,永磁同步电机的功率因数比较平稳,效率特性也能保持较高的水平。电机的输入功率和电枢电流近似与输出功率成正比。

2.旋转变压器

旋转变压器(Resolver)是一种电磁式传感器,又称同步分解器。它是一种测量角度用的小型交流电机,用来测量旋转物体的转轴角位移和角速度,由定子和转子组成。其中定子绕组作为变压器的原边,接受励磁电压,励磁频率通常用400Hz、3000Hz及5000Hz等。转子绕组作为变压器的副边,通过电磁耦合得到感应电压。旋转变压器的工作原理和普通变压器基本相似,区别在于普通变压器的原边、副边绕组是相对固定的,所以输出电压和输入电压之比是常数,而旋转变压器的原边、副边绕组则随转子的角位移发生相对位置的改变,因而其输出电压的大小随转子角位移而发生变化,输出绕组的电压幅值与转子转角成正弦、余弦函数关系,或保持某一比例关系,或在一定转角范围内与转角呈线性关系。旋转变压器在同步随动系统及数字随动系统中可用于传递转角或电信号;在解算装置中可作为函数的解算之用,故也称为解算器。

旋转变压器一般有两极绕组和四极绕组两种结构形式。两极绕组旋转变压器的定子和转子各有一对磁极,四极绕组则各有两对磁极,主要用于高精度的检测系统。除此之外,还有多极式旋转变压器,用于高精度绝对式检测系统。

旋转变压器包含三个绕组,即一个转子绕组和两个定子绕组。转子绕组随电动机旋转,定子绕组位置固定且两个定子互为90°角(图3-13)。这样,绕组形成了一个具有角度依赖系数的变压器。

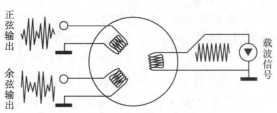

图3-13 旋转变压器及其相关信号

将施加在转子绕组上的正弦载波耦合至定子绕组,对定子绕组输出进行与转子绕组角度相关的幅度调制。由于安装位置的原因,两个定子绕组的调制输出信号的相位差为90°。通过解调两个信号可以获得电动机的角度位置信息,首先要接收纯正弦波及余弦波,然后将其相除得到该角度的正切值,最终通过"反正切"函数求出角度值。

按输出电压与转子转角间的函数关系,主要分三大类旋转变压器:

(1)正—余弦旋转变压器——其输出电压与转子转角的函数关系成正弦或余弦函数关系。

(2)线性旋转变压器——其输出电压与转子转角成线性函数关系。线性旋转变压器按转子结构又分成隐极式和凸极式两种。

(3)比例式旋转变压器——其输出电压与转角成比例关系。

1)旋转变压器的工作原理

由于旋转变压器在结构上保证了其定子和转子(旋转一周)之间空气间隙内磁通量分布符合正弦规律,因此,当励磁电压加到定子绕组时,通过电磁耦合,转子绕组便产生感应电势。图3-14为两极旋转变压器电气工作原理图。

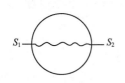
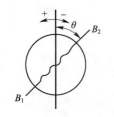

图3-14 为两极旋转变压器电气工作原理图

设加在定子绕组 S_1S_2 的励磁电压为

$$V_s = V_m \sin\omega t \tag{3-3}$$

根据电磁学原理,转子绕组 B_1B_2 中的感应电动势则为

$$V_B = KV_s\sin\theta = KV_m\sin\theta\sin\omega t \tag{3-4}$$

式中:K——旋转变压器的变比;

V_m——V_s 的幅值;

θ——转子的转角,当转子和定子的磁轴垂直时,$\theta=0$。

由式(3-4)可知,转子绕组中的感应电势 V_B 为以角速度 ω 随时间 t 变化的交变电压信号。其幅值 $KV_m\sin\theta$ 随转子和定子的相对角位移 θ 以正弦函数变化。因此,只要测量出转子绕组中的感应电势的幅值,便可间接地得到转子相对于定子的位置,即 θ 角的大小。在实际应用中,考虑到使用的方便性和检测精度等因素,常采用四极绕组式旋转变压器。这种结构形式的旋转变压器可分为鉴相式和鉴幅式两种工作方式。

鉴相式工作方式是一种根据旋转变压器转子绕组中感应电势的相位来确定被测位移大小的检测方式。如图3-15所示,定子绕组和转子绕组均由两个匝数相等互相垂直的绕组组成。图中 S_1S_2 为定子主绕组,K_1K_2 为定子辅助绕组。当 S_1S_2 和 K_1K_2 中分别通以交变励磁电压时,可得

$$V_S = V_m\cos\omega t \qquad (3-5)$$

$$V_K = V_m\sin\omega t \qquad (3-6)$$

根据线性叠加原理,可在转子绕组 B_1B_2 中得到感应电势 V_B,其值为励磁电压 V_S 和 V_K 在 B_1B_2 中产生感应电势 V_{BS} 和 V_{BK} 之和,即

$$V_B = V_{BS} + V_{BK} = KV_m\sin(\omega t - \theta) \qquad (3-7)$$

由此可见,旋转变压器转子绕组中的感应电势 V_B 与定子绕组中的励磁电压同频率,但相位不同,其差值为 θ。而 θ 角正是被测位移,故通过比较感应电势 V_B 与定子励磁电压信号 V_K 的相位,便可求出 θ。

在图3-15中,转子绕组 A_1A_2 接一高阻抗,它不作为旋转变压器的测量输出,主要起平衡磁场的作用,目的是提高测量精度。

2)与编码器比较优缺点

旋转变压器和光电编码器是目前伺服领域应用最广的测量元件,其用途类似光电编码器,其原理和特性上的区别决定了其应用场合和使用方法的不同。

光电编码器直接输出数字信号,处理电路简单,噪声容限大,容易提高分辨率,缺点是不耐冲击,不耐高温,易受辐射干扰,因此,不宜用在军事和太空领域。

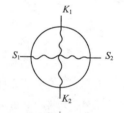

图3-15 鉴相式工作方式

旋转变压器具有耐冲击、耐高温、耐油污、高可靠、长寿命等优点,其缺点是输出为调制的模拟信号,输出信号解算较复杂。

由于振动冲击等的影响,电动汽车上驱动电机一般采用旋转变压器测量永磁电机磁场位置和转子转速(图3-16)。

3. 霍尔转速传感器

1)霍尔效应

霍尔效应是电磁效应的一种,这一现象是美国物理学家霍尔(A. H. Hall,1855—1938年)于1879年在研究金属的导电机制时发现的。当电流垂直于外磁场通过导体时,垂直于电流和磁场的方向会产生一附加电场,从而在导体的两端产生电势差,这一现象就是霍尔效应,这个电势差也被称为霍尔电势差,如图3-17所示。霍尔效应使用左手定则判断。

图 3-16 驱动电机用旋转变压器

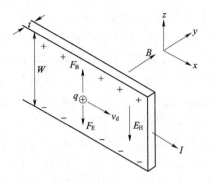
图 3-17 霍尔效应原理

2) 齿轮式霍尔转速传感器结构

齿轮式霍尔轮速传感器由传感头和齿圈组成。传感头由永磁体、霍尔元件和电子电路等组成,永磁体的磁力线穿过霍尔元件通向齿轮,如图 3-18 所示。

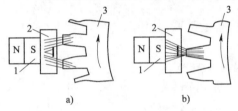

图 3-18 齿轮式霍尔转速传感器
1—磁体;2—霍尔元件;3—齿圈

3) 工作原理

如图 3-18,当齿轮位于图 3-18a) 所示位置时,穿过霍尔元件的磁力线分散,磁场相对较弱;而当齿轮位于图 3-18b) 所示位置时,穿过霍尔元件的磁力线集中,磁场相对较强。齿轮转动时,使得穿过霍尔元件的磁力线密度发生变化,因而引起霍尔电压的变化,霍尔元件将输出一个毫伏(mV)级的准正弦波电压。此信号还需由电子电路转换成标准的脉冲电压。

霍尔转速传感器具有以下优点:①输出信号电压幅值不受转速的影响;②频率响应高。其响应频率高达 20kHz,相当于车速为 1000km/h 时所检测的信号频率;③抗电磁波干扰能力强。因此,霍尔传感器不仅广泛应用于 ABS 轮速检测,也广泛应用于其控制系统的转速检测。

4. 电磁式转速传感器

1) 电磁式转速传感器结构

电磁式转速传感器的结构如图 3-19 所示,它由永磁体 2、极轴 5 和感应线圈 4 等组成,极轴头部结构有凿式和柱式两种。

2) 工作原理

如图 3-19 所示,齿圈 6 旋转时,齿顶和齿隙交替对向极轴。在齿圈旋转过程中,感应线圈内部的磁通量交替变化从而产生感应电动势,此信号通过感应线圈末端的电缆 1 输出给电控单元。当齿圈的转速发生变化时,感应电动势的频率也变化。电控单元通过检测感应电动势的频率来检测旋转设备的转速。

3) 电磁式转速传感器的优缺点

电磁式轮速传感器结构简单、成本低,但存在下述缺点:①其输出信号的幅值随转速的变化而变化。若车速过慢,其输出信号低于 1V,电控单元就无法检测;②响应频率不高。当转速过高时,传感器的频率响应跟不上;③抗电磁波干扰能力差。目前,国内外 ABS 系统的控制速度范围一般为 15~160km/h,今后要求控制速度范围扩大到 8~260km/h 以至更大,显然电磁感应式轮速传感器很难适应。

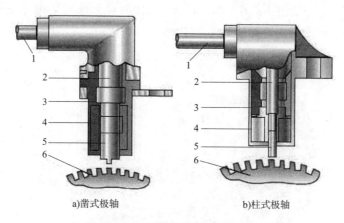

a) 凿式极轴　　　　b) 柱式极轴

图 3-19　电磁式转速传感器剖视图

1-电缆；2-永磁体；3-外壳；4-感应线圈；5-极轴；6-齿圈

三、交流感应电机的构造原理与检修

交流感应电机是在工业中运用极为广泛的一种电动机，在新能源汽车中也有一定的应用。

(一) 交流感应电机的基本结构

交流感应电机又称为交流感应电机，是由气隙旋转磁场与转子绕组感应电流相互作用产生电磁转矩，从而实现电能转换为机械能的一种交流电机。交流感应电机是各类电动机中应用最广、需求量最大的一种。交流感应电机通常按转子结构和定子绕组相数进行分类。按转子结构来分，可分为笼型和绕线型；按定子绕组相数来分，则有单相和三相，在新能源汽车中，笼型交流感应电机应用较为广泛，具有结构简单且坚固、制造成本低、维护方便等优点。

和所有旋转的电动机的结构一样，交流感应电机是由静止的定子和可以旋转的转子组成，定子和转子之间为气隙，交流感应电机的气隙一般为 0.5~2.0mm，气隙的大小对交流异步电机的性能有很大影响。交流感应电机的基本结构如图 3-20 所示。

1. 交流感应电机的组成

1) 定子

交流感应电机的定子主要由定子铁芯、定子绕组和机座三部分组成。

(1) 定子铁芯。定子铁芯主要是作为电动机主磁路的一部分并且用来嵌放定子绕组，为了降低定子铁芯的铁损耗，定子铁芯一般由厚 0.35~0.50mm、表面涂有绝缘漆的硅钢片叠压而成。在铁芯的内圆冲有均匀分布的槽，用以嵌放定子绕组。定子铁芯槽型分为三种：开口槽、半开口槽和半闭口槽，其中开口槽用于大、中型容量的高压交流感应电机；半开口槽用于中型 500V 以下的交流感应电机；半闭口槽，用于小型容量的低压交流感应电机。

(2) 定子绕组。定子绕组是电动机的电路部分，通入三相交流电，其作用是吸收电功率和产生旋转磁场。定子绕组由三个在空间上互隔120°对称排列结构完全相同的绕组(每个绕组为一相)组成,根据需要连接成Y形或△形。

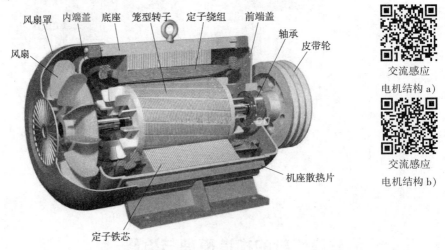

图 3-20 交流感应电机的基本结构

对于大、中型容量的高压交流感应电动机定子绕组常采用Y形接法,只有三根引出线,如图 3-21a)所示。对中、小型容量的低压交流感应电机,通常把定子三相绕组的六根出线头都引出来,根据需要可接成Y形或△形,△形接法如图 3-21b)所示。定子绕组用绝缘的铜(或铝)导线绕成,嵌放在定子槽内。

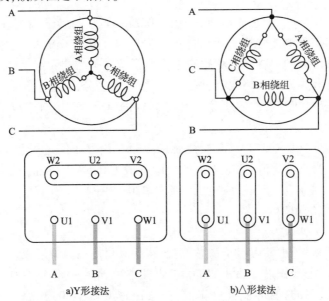

图 3-21 定子绕组接法

(3)机座。机座主要用于固定定子铁芯和前、后端盖,支撑转子并起到防护和散热等作用,一般不作为工作磁路的组成部分。大多数采用铸铁铸造而成,大型容量的交流感应电机采用钢板焊接而成,微型交流感应电机多采用铸铝或塑料制成。根据电动机的防护方式、冷却方式和安装方式的不同,机座的样式也不尽相同。

2）转子

交流感应电机的转子包括转子铁芯和转子绕组。

（1）转子铁芯。转子铁芯是电动机磁路的一部分，它由 0.5mm 厚的硅钢片叠压而成。铁芯固定在转轴或转子支架上，整个转子的外表呈圆柱形。

（2）转子绕组。转子绕组分为笼型和绕线型两类。

笼型绕组：笼型绕组是一个自己短路的绕组。在转子铁芯的每个槽里嵌放一根导体，在铁芯的两端用端环连接起来，形成一个短路的绕组。如果把转子铁芯拿掉，则可看出，剩下来的绕组形状像个松鼠笼子，如图 3-22 所示，因此又叫鼠笼转子。导条的材料用铜或铝。

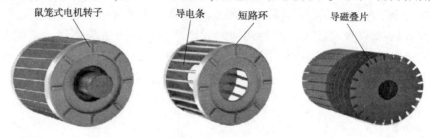

图 3-22　鼠笼转子

绕线型绕组：绕线型绕组的槽内嵌放用绝缘导线组成的三相绕组，一般都连接成 Y 形。转子绕组的三条引线分别接到三个集电环上，用一套电刷装引引出来，这就可以把外接电阻串联到转子绕组回路，以改善电动机的起动性能或调节电动机的转速。

与笼型转子相比较，绕线型转子结构复杂，价格较高，主要应用于起动电流小，起动转矩大，或须平滑调速的场合。

2. 交流感应电机的调速

三相交流感应电机的调速方式有变极对数调速、变定子侧电源频率调速和变转差率调速三种。

（1）变频调速。变频调速是通过改变电机的电源频率进行调速。由于能连续改变电源频率 f_1，所以速度的改变也是连续和平滑的。由异步电机的转速表达式可知，改变了定子电源频率 f_1，就可以改变旋转磁场的转速，从而改变电机的转速。

在忽略定子漏阻抗的情况下，交流感应电机的感应电动势 E_1 近似等于电源电压 U_1，即

$$U_1 \approx E_1 = 4.44 f_1 N_1 \Phi K_1 \tag{3-8}$$

由式（3-8）可知，若电源电压 U_1 不变，则磁通量随频率而变。通常在设计电机时，为了充分利用铁芯材料，将磁通量 Φ 的数值选择在接近饱和值上。因此，如果频率从额定值（工作频率为 50Hz）往下调，磁通量会增加，这将造成磁路过饱和，使励磁电流增加，铁芯过热，增加其损耗。如果频率从额定值往上调，会使磁通量减小，造成电动机欠励磁，影响电机的输出转矩。为此，在调节电源频率 f_1 的同时要同步调节电源电压 U_1 的大小，以保持 U_1/f_1 值为恒定，从而维持磁通量恒定不变。

但在实际应用中，由于受电机的额定电压值限制，在有的情况下不能保持 U_1/f_1 值为恒定，这样就出现了不同的变频调速控制方式。

交流感应电机变频调速的控制方式主要有保持 U_1/f_1 值恒定的恒转矩调速和恒功率调速。

保持 U_1/f_1 值恒定的恒转矩变频调速是将频率 U_1 从额定值往下调（同时减小 U_1），由于

频率减小,电动机转速低。在这种变频调速过程中,由于 $U_1 = 4.44 f_1 N_1 \Phi$, $T = C_T \Phi I_2 \cos\phi_2$,如果负载转矩不变,磁通量又是恒定的,则转子电流不变,电动机输出转矩也不变,故为恒转矩调速。这种保持磁恒定、输出转矩不变的变频调速机械特性如图 3-23a)所示。这种调速方法的机械特性较硬,即转速降较小,调速范围较宽,但低速性能较差。如果电源频率 f_1 能实现连续调节,就能实现无级变频调速。

恒功率变频调速是将频率 f_1 从额定值向上调。由于一般不允许将电动机的电源电压升高超过其额定值,因此,在电源电压 U_1 不变的情况下,提高电源频率会使磁通量 Φ 减小,输出转矩随之减小。对于恒功率负载,若电动机转速升高,其输出转矩会减小,从而交流感应电机的电磁功率基本保持不变。这种恒功率变频调速方式的机械特性如图 3-23b)所示,它的机械特性较软,即转速降较大。这种调速方式也称为恒压弱磁变频调速。在实际应用中可根据不同负载采用不同的调速方式。通常恒转矩负载采用恒转矩调速方式,恒功率负载采用恒功率调速方式。

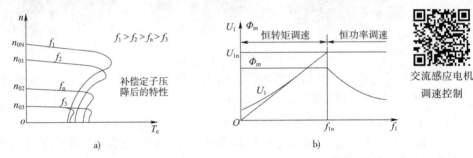

图 3-23 变频调速机械特性曲线

近年来,出现了一些新的控制方式,如矢量控制转矩和磁通量直接控制等,可进一步改善变频调速器的调速性能,详细介绍可查阅变频调速的相关资料。变频调速是一种理想的调速方式,可实现连续调速,又能节能,但需要变频器,故成本较高。

(2)变频器介绍。若实现变频调速就要给电机输入变频电源,变频电源是由变频控制器(即电机控制器)提供的。变频控制器的基本结构如图 3-24 所示,其由主电路和控制电路组成。

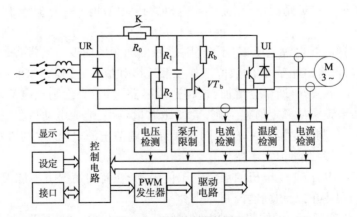

图 3-24 变频控制器的原理

主电路包括整流、滤波和逆变三个部分。它的工作原理是:首先将工频交流电压通过整流器转换为直流电压,经过滤波后,再通过逆变器将直流电压转换为频率可调的交流电压。控制电路的功能是向主电路提供控制信号,它包括对电压和频率进行运算的运算电路,对主电路进行电流、电压检测的检测电路,将运算电路的控制信号进行放大的驱动电路以及主电路和控制电路的保护电路。

在现代变频器中,普遍采用正弦波脉宽调制(SPWM)方式,将直流电转换为频率和电压可调的交流电。它是通过改变输出的脉冲宽度,使输出电压的平均值接近于正弦波,即使脉冲系列的占空比按正弦规律来安排。当正弦值为最大值时,脉冲的宽度也最大,当正弦值较小时,脉冲的宽度也较小。如果脉冲间的间隔小,相应的输出电压大;反之,脉冲间的间隔较大,相应的输出电压也较小。变频器输出电压波形如图 3-25 所示。

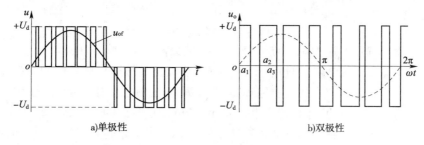

图 3-25　PWM 波形图

（3）变极调速。变极调速是通过改变交流感应电机定子旋转磁场的磁极对数来改变旋转磁场转速,从而改变电动机的转速,来实现调速的。每当磁极对数增加一倍,旋转磁场的转速就降低一半,转子转速也将降低一半,显然这种调速方法是有级调速。

改变交流感应电机的磁极对数是通过改变定子绕组的接线方式来实现的。现以四极变两极为例,说明变极调速原理。图 3-26 所示是一台四极三相交流感应电机定子 U 相绕组的接线图,图 3-26a) 所示是 U 相绕组展开图,它是由两个等效集中线圈串联组成,连接顺序为 A_1-X_1-A_2-X_2,当 A-X_2 绕组有电流通过时,方向如图 3-26b) 所示,根据右手定则,可以判断出定子旋转磁场有四个磁极,这时磁极对数 $P=2$。

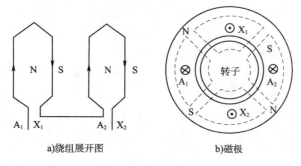

图 3-26　变极调速 $P=2$

如将线圈连接顺序改为 A_1-X_1-X_2-A_2,如图 3-27a) 所示。当有电流通过绕组时,它产生的定子旋转磁场有两个磁极,如图 3-27b) 所示,这时磁极对数 $P=1$。

由以上可以看出,如果改变电动机定子绕组中部分绕组的电流方向,则电动机的磁极对数会成倍变化,从而使旋转磁场转速及转子转速也成倍变化。

通常,普通电动机的极对数是不能改变的,为了达到变极调速的目的,人们研制出了实现变极调速的电动机,称为变极电动机。这种电动机调速方式简单,容易实现,但不能对转速实现连续调节。

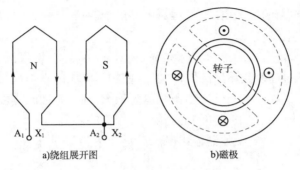

图 3-27 变极调速 $P=1$

(4) 变转差率调速。这种调速方式是在绕线型交流感应电动机的转子绕组中串联接入电阻,通过改变转差率实现调速。调速机械特性如图 3-28 所示。

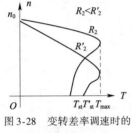

图 3-28 变转差率调速时的机械特性曲线

其调速原理是:设电动机在额定转速下运行,在增大转子电阻的瞬间,转子电流减小,使电动机输出的电磁转矩小于负载转矩,这将引起电动机转速下降。转速下降则转差率增大,从而使转子中的感应电动势增大,转子电流和电磁转矩回升。直到电磁转矩与负载转矩重新相等,电动机稳定运行,但这时电动机的转速降低。这种调速方法使转差率改变,故称为变转差率调速。

这种调速方法的特点是:旋转磁场转速不变,但其改变了机械特性运行段斜率,转子串入的电阻越大斜率越大(机械特性越软),随着负载转矩的增加,转速下降就越快,但最大转矩不变。这种调速方法设备简单,可实现连续调速,但在调速电阻上增加了能量损耗。

(二) 交流感应电机的工作原理

1. 定子旋转磁场的产生

交流感应电机工作时,由定子、转子共同建立磁场,并与转子绕组的感应电流相互作用产生电磁力,从而形成电磁转矩。电磁转矩克服负载转矩输出机械能,因此交流感应电机实现了电能到机械能的能量转换。

交流感应电机能够正常工作必须满足两个基本条件:电动机的定子、转子磁动势必须能合成并在气隙内建立旋转磁场;转子转速必须小于气隙旋转磁场的转速,并且两者保持一定的差值,以保证转子与旋转磁场之间存在相对运行。

气隙旋转磁场也就是主磁场,其旋转速度与电源频率的关系为:

$$n_\mathrm{t} = \frac{60f}{p} \tag{3-9}$$

式中:n_t——同步转速,r/min;

　　　f——定子电源频率,Hz;

　　　p——定子绕组的磁极对数。

特别指出,交流感应电机的空载气隙磁场是由定子绕组的交流磁动势建立的。

给交流感应电机通入对称的三相交流电时,将会产生一个旋转的气隙磁场,其中通过气隙到达转子的磁场称为主磁场,只通过定子绕组就形成闭合回路,未能到达转子的磁场称为定子漏磁场,该旋转磁场会同时切割定转子绕组,这样在两个绕组内会产生相应的感应电动势。由此可见,在这种情况下,整个气隙磁场全部是由定子绕组内的三相对称电流产生,为此,定子磁动势又称为励磁磁动势,定子电流也称为励磁电流。由于定子绕组的三相交流电是完全对称的,三相交流电与旋转磁场的对应关系如图 3-29 所示。图中 × 表示电流流入,·表示电流流出,用右手定则判断磁场方向。图 3-29a) 为 0 时刻磁场方向,此时磁场为上 N 下 S;图 3-29b) 为 $\omega t = \frac{2}{3}\pi$(即 120°)时磁场方向,相对于图 3-29a),磁场已经顺时针旋转了 120°;同理,图 3-29c) 磁场旋转了 240°,图 3-29d) 磁场旋转了一周,回到了 0 时刻的位置。

旋转磁场的转速与通入正弦交流电的频率有关,当通入 50Hz 工频交流电时,单极电机磁场转速为 3000r/min,当通入不同频率的交流电时,电机转速也不同,频率越高转速越快,频率越低转速也越慢,这也是电动汽车车速控制的基本原理。

定子所接三相电源中任意两相交换,则磁场反向旋转,具体分析与图 3-29 的分析过程相同,这满足了电动汽车倒车时的控制要求,省略了传统燃油汽车的齿轮换向机构,简化了系统结构,提高了系统可靠性。

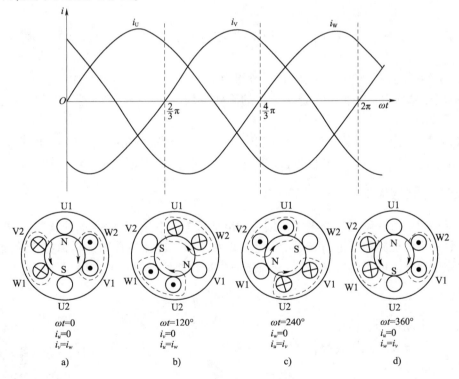

图 3-29　三相交流电与旋转磁场的对应关系

2. 工作原理分析

交流感应电机定子绕组接通三相交流电源后,电机内便形成圆形旋转磁场,如图 3-30 中 n_1。若转子不转,鼠笼转子导条(即转子绕组)与旋转磁场有相对运动,导条中有感应电动势,方向由右手定则确定。由于转子导条彼此在端部短路,于是导条中有电流,不考虑电动势与电流的相位差时,电流方向与电动势方向相同。这样,导条就在磁场中受力,用左手定则确定受力方向,由图 3-30 可知为顺时针旋转方向。

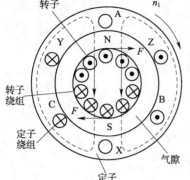

图 3-30 感应电动机工作原理

转子受力,产生转矩,为电磁转矩,方向与旋转磁动势同方向,转子便在该方向上旋转起来。转子旋转后,转速为 n,只要 $n < n_1$(n_1 为定子旋转磁场同步转速),转子导条与磁场仍有相对运动,产生与转子不转时相同方向的电动势、电流及受力,电磁转矩仍为顺时针方向,转子继续旋转,稳定运行。

由交流感应电机的工作原理可知,交流感应电机稳定运行时,转子转速 n 不能等于旋转磁场的同步转速 n_1,其转差转速 $\Delta n = n_1 < n$,转差转速 Δn 与同步转速之比为交流感应电机的转差率,用 s 表示,即

$$s = \frac{\Delta n}{n_1} = \frac{n_1 - n}{n_1} \quad (3\text{-}10)$$

转差率是交流感应电机的一个重要参数,正常运行时交流感应电机转子转速接近于同步转速 n_1,转差率一般为 $0.01 \sim 0.05$。

交流感应电机工作原理总结如下:

(1) 均匀分布的定子绕组通入三相正弦交流电,在定子绕组中产生旋转磁场,即同步转速。

(2) 旋转磁场切割转子绕组,在转子绕组中产生感应电动势和感应电流。

(3) 转子感应电流和仍处于定子绕组的旋转磁场当中,必定受到磁场力的作用,产生力矩使转子转动。

(4) 电机转子转速始终小于定子同步转速,保证旋转磁场始终对转子绕组进行切割,转子上持续产生感应电流,转子绕组持续受到磁场力的作用,保证电机连续运转。

(三) 交流感应电机的控制

交流感应电机控制系统的主要作用是为电动机提供变压、变频电源,同时其电压和频率能够按照一定的控制策略进行调节,以使驱动系统具有良好的转矩—转速特性。交流感应电机的控制比直流电机要复杂得多,交流感应电机转速控制的基本方程为

$$n = n_s(1-s) = \frac{60f}{p}(1-s) \quad (3\text{-}11)$$

式中:n——电动机转子转速;

n_s——同步旋转磁场转速;

s——转差率;

p——磁极对数;

f——电源频率。

三相异步电动机控制原理

通过上述方程式可知,改变 s、p 和 f 可以调节电动机转速,因此可以将交流感应电机的基本调速方式相应分为三种:调压调速、变极调速和变频调速。改变感应电机输入电源的电

压进行调速的方式称为调压调速,是一种变转差率调速方式;改变感应电机的磁极对数,从而改变同步旋转磁场转速进行调速的方式称为变极调速,其转速阶跃变化;改变感应电机输入电源频率,从而改变同步磁场转速的调速方式称为变频调速,其转速可以均匀变化。对于交流感应电机调速控制,一般采用控制多种变量的方法。目前高级的控制策略和复杂的控制算法(如自适应控制、变结构控制和最优控制等)已经得以使用,以获得快速响应、高效率和宽调速范围的优势。

为了实现交流感应电机的理想调速控制,许多新的控制方法被应用到交流感应电机驱动系统中,其中较为成功的是变压变频(Variable Voltage and Variable Frequency,VVVF)控制、矢量控制(Field-Oriented Control,FOC)、直接转矩控制(Direct Torque Control,DTC)。传统的变压变频控制由于其动态模型的非线性,不能使电动机满足所要求的驱动性能,而矢量控制可以克服由于非线性带来的控制难度,能在线准确辨识出电动机的参数,控制性能非常优越。目前随着微处理器性能的不断提高,国内外已经推出了多种型号的基于矢量控制的控制器,控制性能已基本满足汽车的动力性要求。

1. 交流感应电机的起动

将三相交流感应电机接入电源,电机由静止不动,到达至稳定转速,运行中间所经历的过程称为起动。在刚接入电源的一瞬间,电动机转速 $n=0$,此时旋转磁场与转子之间相对运动速度最大。转子绕组中产生的感应电动势和感应电流最大,定子电流也最大,通常为额定电流的 4~7 倍。如果电动机不是频繁起动就不会有热量的积累,对电机本身没有多大的影响。

但是,过大的起动电流对供电线路会有一定的影响。因为过大的起动电流会在线路上产生较大的电压降,降低了电网供电的电压,影响到同一供电系统上的其他电气设备不能正常工作。如工作在同一电源的其他交流感应电机,由于电磁转矩与电压平方成正比,电压的降低会减小它们的转速,增大其电流,甚至会使电磁转矩小于负载转矩而造成电动机意外停转。

另外在刚起动时,虽然起动电流大,但由于 $s=1$,转子感抗大,这使转子功率因数较小,所以起动转矩并不大,不能带动较大的负载起动。可见交流感应电机起动时存在着起动电流大起动转矩小的问题。因此,常采用不同的起动方法来改善电动机的起动性能。

(1)直接起动。通过开关或接触器将电动机直接接入电源的起动方法称为直接起动。这种起动方法简单、容易实现,但是否允许电动机直接起动,取决于电动机容量和供电电源容量之间的比例。

在以下几种情况下,一般可以采用直接起动的方法。若电动机的电源是在具有独立变压器供电的情况下,对于不经常起动的三相交流感应电机,其功率不能超过电源容量的30%;对于频繁起动的交流感应电机,其功率不应超过电源容量的20%;如果没有独立变压器供电,交流感应电机直接起动时所产生的电压降不应超过额定电压的5%。

(2)降压起动。对于不允许直接起动的电动机,可以采用降压起动的方法,以减小起动电流。降压起动就是在起动时,降低加在定子绕组上的电压。待电动机的转速接近额定值时,再将定子绕组的电压恢复到额定值,使电动机进入正常运行状态。

由于三相交流感应电机的起动转矩与电源电压的平方成正比,在降低起动电压限制起动电流的同时,也大大降低了起动转矩。因此,降压起动的方法只适用于电动机的轻载或空载起动。降压起动有星形—三角形(Y-△)转换降压起动、自耦变压器降压起动和自耦变压器降压起动三种。

星形—三角形(Y-△)转换降压起动是在起动时先将定子绕组接成星形(Y),当电动机转速接近稳定值时,再将定子绕组接成三角形(△),使电动机运行在三角形的连接方式下。

这样在起动时,就能将定子每相绕组上的电压降到正常工作电压的$\frac{1}{\sqrt{3}}$。显然这种方法只适用于6个接线端子均可用,且正常工作时定子绕组为三角形连接的三相交流感应电机。

下面分析电动机的起动电流和起动转矩。

定子绕组接成星形时的起动电流(见图3-31):

$$I_Y = \frac{U}{\sqrt{3}|Z|} \tag{3-12}$$

定子绕组接成三角形时的起动电流:

$$I_\triangle = \sqrt{3}\frac{U}{|Z|} \tag{3-13}$$

则

$$I_Y = \frac{1}{3}I_\triangle \tag{3-14}$$

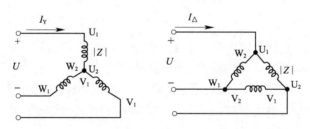

图3-31 星形—三角形降压起动

即降压起动时的电流为直接起动时的$\frac{1}{3}$。

由于起动转矩与电压的平方成正比,所以当定子每相绕组电压降低到正常工作电压的$\frac{1}{\sqrt{3}}$时,起动转矩则减小到直接起动时的$\frac{1}{3}$。

这种起动方法的线路如图3-32所示。在起动时先将开关向下合,实现交流感应电机的星形接法起动。待电动机转速接近稳定转速时再将开关向上合,将电动机换接成三角形。目前常采用继电器—接触器控制线路来实现星形—三角形接法的自动转换。

若三相交流感应电机不能采用星形—三角形降压起动,可采用三相自耦变压器降压起动,起动线路如图3-33所示。

起动时先将开关Q_1向下合,使电动机定子绕组与自耦变压器低压边相接,进行降压起动,当电动机转速接近额定值时,再将开关Q_1向上合,使电动机定子绕组直接与电源相接,进入正常运行状态。

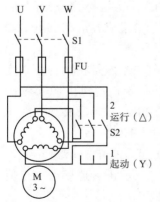

图3-32 星形—三角形转换起动

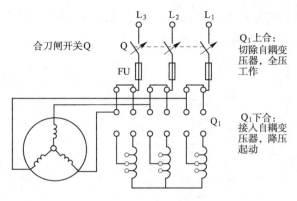

图 3-33 自耦变压器降压起动

转子串电阻降压起动是在转子绕组中接入起动电阻,因此只适用于绕线式交流感应电机。其起动线路如图 3-34 所示。起动时,先将起动变阻器的阻值置于最大位置,随着转速的上升,逐渐减小起动电阻,直到电动机转速接近额定值时,再全部切除起动电阻,使电动机进入正常运行状态。

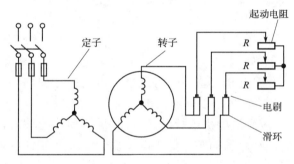

图 3-34 转子串电阻起动

电动机转子串接起动电阻,不但减小了起动电流,而且增大了转子的功率因数 $\cos\phi_2$,因此提高了电动机的起动转矩。

2. 三相交流感应电机的制动

当切断三相交流感应电机供电电源后,电动机会依靠惯性继续转动一段时间后才停止。为了保证生产机械工作的准确性和提高生产效率,需要采用某种方法对电动机实行制动,即强迫电动机迅速停止转动。下面介绍三种常用的制动方法。

(1)能耗制动。这种制动方法是在电动机断电之后,立即在定子绕组中通入直流电流,以产生一个恒定的磁场。它与继续转动的转子相互作用,产生一个与转子旋转方向相反的电磁转矩,迫使电机迅速停下来。图 3-35 所示是能耗制动原理。这种制动方法是利用消耗转子的动能来实现制动的,所以称为能耗制动。

图 3-36 所示是能耗制动线路,由开关 SA 实现制动。电机正常运转时开关 QS 闭合,当制动时,开关 QS 断开,SA 闭合。当电动机停转后,打开开关 SA,切断直流电源。这种制动方法消耗能量小,制动效果较好,但需配直流电源。

(2)反接制动。反接制动是将接到电动机定子绕组的三相电源的三根导线中的任意两根对调位置,如图 3-37 所示,即通过改变接入电动机三相电源的相序来实现制动。当三相电源的相序改变时,电动机旋转磁场立即反向旋转,产生的电磁转矩方向与原来的方向相反,即与电动机由于惯性仍在转动的方向相反,因此起到了制动的作用。当电动机转运降为零时,应及时切断电源,否则电动机将反向起动。

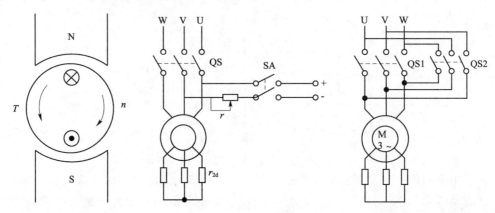

图 3-35　能耗制动原理　　图 3-36　能耗制动线路　　图 3-37　反接制动线路

在反接制动时,旋转磁场与转子相对速度(n_0+n)很大,因而会在定、转子中产生很大的电流,为了限制这个电流,通常在定子绕组中串入限流电阻 R。这种制动方法简单,制动力矩大,制动效果好,但能量消耗较大。

(3)发电反馈制动。当转子转速 n 超过旋转磁场转速 n_1,转子所产生的转矩为制动转矩,由于 $n>n_1$,这时转子中产生的感应电动势及感应电流的方向均与电动机的电动状态相反,由此产生制动转矩,在制动转矩的作用下,电动机转速减小。

如在采用变频器对交流感应电机进行调速时,降低变频器的输出频率使电动机处在减速过程中。在减速瞬间,旋转磁场的转速低于电动机的实际转速,电动机便成为发电机,它将机械负载和电动机所具有的机械能量反馈给变频器,并在电动机中产生制动转矩,故称为发电反馈制动。另外,在多速电动机从高速调到低速的过程中,起重机快速下放重物时,也会出现这种发电制动情况。

3. 交流感应电机的特点及应用

交流感应电动机具有以下性能特点。

(1)小型轻量化。

(2)易实现转速超过 10000r/min 的高速旋转。

(3)高转速低转矩运行效率高。

(4)低速时有高转矩输出,以及具有较宽的速度调节范围。

(5)高可靠性。

(6)制造成本低。

交流感应电机成本低且可靠性高,逆变器即使是损坏,发生短路时也不会产生反电动势,不会出现急制动的可能性,因此广泛应用于大型高速的电动汽车上。三相笼型感应电机的功率容量覆盖面很广,从零点几瓦到几千瓦,可以采用强制风冷或液体冷却方式,冷却自由度高,对环境适应性强,并且能够实现能量回收,与相同功率的直流电机相比,效率较高,质量要减少一半左右。

为了更好地满足以上要求,各大厂商均对交流感应电机进行了研究开发。一般情况下,作为新能源汽车专用的电动机,由于安装条件是受限制的,而且要求小型轻量化,因而电动机在 10000r/min 以上高速运转时,大多采用一级齿轮减速器实现减速。此外由于振动等恶劣的工作环境,电动机在低转速下需要高转矩,并且要求在较宽的速度范围内具有恒功率输出特性,所以新能源汽车用交流感应电机与一般工业用电机不同,在设计上采用了各种新技术、新方法。

出于对工作环境的考虑,驱动电机大多采用全封闭式结构,为了框架、底座的轻量化,采用压铸铝的方式制造,也有采用将定子铁芯裸露在外表的无框架结构,而且为了实现小型轻量化,冷却方式大多采用水冷式。由于高速运转时频率升高,引起铁损坏增大,因此希望减少电动机的极数,一般采用 2 极或 4 极,但采用 2 极时,线圈端部的接线变长,故采用 4 极的情况更多些。此外,为了减少铁损坏,交流感应电机普遍采用了具有良好导磁性的电磁钢板。

交流感应电机由于成本低、坚固耐用、速度范围宽等特点,适合用于新能源汽车,目前采用交流感应电动机驱动系统的车辆主要有美国通用公司的 EV-1 型电动汽车,福特公司生产的电动汽车以及特斯拉电动汽车等。

四、直流电机的结构原理与检修

(一) 直流电机的结构及特点

直流电机由静止的定子(励磁)和旋转的转子(电枢)两部分组成。定子和转子之间的间隙称为气隙。直流电动机结构剖面图如图 3-38 所示。

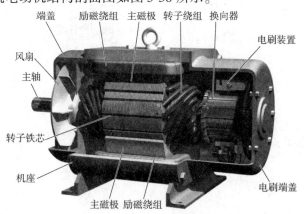

图 3-38　直流电机结构图

1. 定子

定子的主要作用是产生气隙磁场,由主磁极、换向极、机座和电刷装置组成。

(1) 主磁极。主磁极的作用是建立主磁场。主磁极由主磁极铁芯和套装在铁芯上的励磁绕组构成,结构如图 3-39 所示。主磁极铁芯靠近转子一端扩大的部分称为极靴,它的作用是使气隙磁阻减小,改善主磁极磁场分布,并使励磁绕组容易固定。为了减少转子转动时由于齿槽移动引起的铁耗,主磁极铁芯采用 1～1.5mm 的低碳钢板冲压一定形状叠装固定

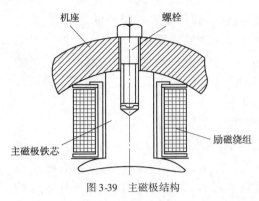

图 3-39 主磁极结构

而成。主磁极上装有励磁绕组,整个主磁极用螺杆固定在机座上。主磁极的个数一定是偶数,励磁绕组的连接必须使得相邻主磁极的极性按 N、S 极交替出现。

(2)机座。机座一般用铸钢铸成或用厚钢板焊接而成,机座有两个作用:一个是用来固定主磁极、换向极和电动机端盖;另一个作用是作为磁场的通路,定的导磁部分称为磁轭。机座要具有良好的导磁性能和足够的机械强度和刚度。

(3)换向极。换向极是安装在两相邻主磁极之间的一个小磁极,它的作用是改善直流电机的换向情况,使直流电机运行时不产生有害的火花。换向极结构和主磁极类似,是有换向极铁芯和套在铁芯上的换向极绕组构成,并用螺杆固定在机座上,如图 3-40 所示。换向极的个数一般与主磁极的极数相等,在功率很小的直流电动机中,也有不装换向极的。换向极绕组在使用中是和电枢绕组相串联的,要流过较大的电流,因此和主磁极的串励绕组一样,导线有较大的截面积。

(4)端盖。端盖装在基座两端并通过端盖中的轴承支撑转子,将定子连为一体,同时端盖对直流电机内部还起防护作用。

(5)电刷装置。电刷装置的作用是把直流电压、直流电流引入或引出。电刷的数目一般等于主磁极的数目。电刷装置由电刷、电刷盒、刷瓣和压簧等部分组成,其结构如图 3-41 所示。电刷安装在刷盒内,通过压紧弹簧将它压在换向器表面上,使它与换向器表面保持良好接触。

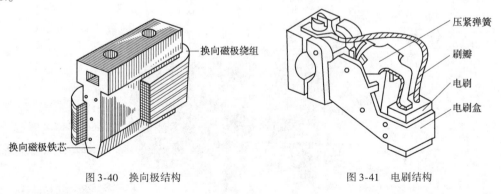

图 3-40 换向极结构　　　　图 3-41 电刷结构

2. 转子

转子是直流电机的转动部分,俗称电枢。转子部分包括电枢铁芯、电枢绕组、换向器、转轴、轴承等,如图 3-42 所示。

(1)电枢铁芯。电枢铁芯既是主磁路的组成部分,又是电枢绕组支撑部分,电枢绕组嵌放在电枢铁芯的槽内。为减少电枢铁芯内的涡流耗损,铁芯一般用厚 0.5mm 且冲有齿、槽的型号为 DR530 或 DR510 的硅钢片叠压夹紧而成,如图 3-42 所示。小型直流电机的电枢铁芯冲片直接压装在轴上,大型直流电机的电枢铁芯冲片先压装在转子支架上,然后再将支架固定在轴上。为改善通风,冲片可沿轴向分成几段,以构成径向通风道。

(2)电枢绕组。电枢绕组由一定数目的电枢线圈按一定的规律连接组成,它是直流电机的电路部分,也是感生电动势、产生电磁转矩进行机电能量转换的部分。线圈用绝缘的圆形或矩形截面的导线绕成,分上下两层嵌放在电枢铁芯槽内,上下层以及线圈与电枢铁芯之间都要妥善地绝缘并用槽楔压紧,如图3-42所示。大型直流电机电枢绕组的端部通常紧扎在绕组支架上。

(3)换向器。换向器又称整流子。在直流发电机中,换向器的作用是把电枢绕组中的交流电转换为直流电向外部输出;在直流电动机中,它是外部的直流电转换成电枢绕组内的交流电,以保证电动机产生恒定方向的电磁转矩。换向器由许多鸽尾形状的换向片排成一个圆筒,其间用云母片绝缘,两端再用两个V形环夹紧而构成,如图3-43所示。每个电枢线圈首端和尾端的引线,分别焊接入相应换向片内。

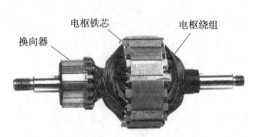

图3-42 直流电动机的转动部分

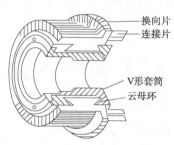

图3-43 换向器结构

(二)直流电机的工作原理

1. 直流电机模型

如图3-44是一台直流电机的最简单模型。N和S是一对固定的磁极,可以是电磁铁,也可以是永久磁铁。磁极之间有一个可以转动的铁质圆柱体,称为电枢铁芯。铁芯表面固定一个用绝缘导体构成的电枢线圈abcd,线圈的两端分别接到相互绝缘的两个半圆形铜片(换向片)上,它们的组合在一起称为换向器,在每个半圆铜片上又分别放置一个固定不动而与之滑动接触的电刷A和B,线圈abcd通过换向器和电刷接通外电路。

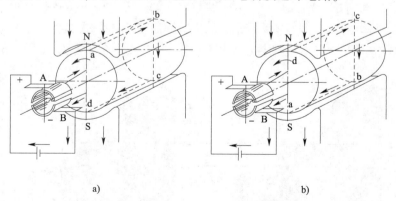

图3-44 直流电动机模型

2. 工作原理

将外部直流电源加于电刷A(正极)和B(负极)上,则线圈abcd中流过电流,在导体ab

中,电流由 a 指向 b,在导体 cd 中,电流由 c 指向 d。导体 ab 和 cd 分别处于 N、S 极磁场中,受到电磁力的作用。用左手定则可知导体 ab 和 cd 均受到电磁力的作用,且形成的转矩方向一致,这个转矩称为电磁转矩,为逆时针方向。这样,电枢就顺着逆时针方向旋转,如图 3-44a)所示。当电枢旋转 180°,导体 cd 转到 N 极下,ab 转到 S 极下,如图 3-44b)所示,由于电流仍从电刷 A 流入,使 cd 中的电流变为由 d 流向 c,而 ab 中的电流由 b 流向 a,从电刷 B 流出,用左手定则判别可知,电磁转矩的方向仍是逆时针方向。

由此可见,加于直流电机的直流电源,借助于换向器和电刷的作用,使直流电机电枢线圈中流过的电流,方向是交变的,从而使电枢产生的电磁转矩的方向恒定不变,确保直流电机朝确定的方向连续旋转。这就是直流电机的基本工作原理。

实际的直流电机,电枢圆周上均匀地嵌放许多线圈,相应地换向器由许多换向片组成,使电枢线圈所产生的总的电磁转矩足够大并且比较均匀,电动机的转速也就比较均匀。

五、电机新技术

判断驱动电机的一个技术发展趋势是绕组扁线化(Hair-pin 电机)。电机的总体目标是提升效率和功率密度,减少体积和质量。扁线绕组电机显著特点是定子绕组中采用扁铜线,先把绕组做成类似发卡一样的形状,穿进定子槽内,再在另外一端把发卡的端部焊接起来。通过应用截面积更大的扁铜线,提高电机槽满率,具有高功率、高转矩密度、高效率、散热性能更好等优点,同时更易于实现自动化生产,满足新能源乘用车市场爆发后对产品一致性高的要求。但扁线绕组电机大规模应用也需要克服一些缺点,比如良品率低,转速上不去,标准化难以及专利壁垒等。

扁线具有较高的槽满率,高能量转换效率带来蓄电池成本节约。电机的功率与铜含量成正相关,相同体积下铜线填充量增加 20%~30%,意味着输出转换功率有望提升 20%~30%。扁线电机具有高槽满率,其纯铜槽满率达到 70%,而传统圆线仅 40% 左右;电机的能源损耗中 65% 来自于铜耗,由于扁线电机需要的铜线比相同功率的圆线电机更短,绕组电阻降低,铜耗降低,带来了更高的转换效率。此外,在市区城市拥堵的工况(低转速高转矩)中,扁线电机工作效率要比圆线高出 10%。高槽满率带来高效率区域面积,车辆路况试验 WLTP 续航增加,在续航里程相同的情况下,减少蓄电池容量,可有效降低整车成本 15% 左右,如图 3-45 所示。

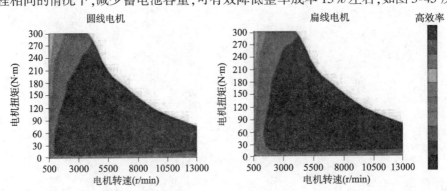

图 3-45　圆线、扁线电机效率对比示意图

扁线散热性好,提升高温动力性。扁线由于导体接触紧密,槽里空隙降低,热量传导和散热系数提高,高槽满率下绕组间的导热能力是低槽满率的1.5倍;交流电阻下降使中低速发热降低,相对圆线定子温升降低18%,降低齿槽内热阻,热传导更好;并且槽满率高,具有更强功率转矩能力,改善定子槽内散热,降低齿槽内热阻,温升可降低8%~12%,在更低的温升条件下,整车可以实现更好的加速性能。

扁线电机功率密度更高,整车动力更强劲。扁线电机槽满率高,转矩密度提高,有效体积缩小,转矩加大,而功率提高,功率密度提高(例如上汽第二代EDU高功率Hair-pin电机使功率密度提高20%),电机转矩输出能力加强,进一步提升功率密度和整车动力性能。圆线电机功率密度约3.5kW/kg的水平,已无法满足"十三五"规划中功率密度应满足4.0kW/kg的要求,而当前领先企业的扁线电机的功率密度约5kW/kg,因此,扁线电机是未来发展的必然趋势。此外,扁线电机利用其较大的端部导体间隙优势,冷却油可以直接渗透入绕组端部,吸收每一个导体的热量,将电机绕组温度降低68%以上,大大提升了电机的功率密度和转矩密度水平。

扁线电机电磁噪声低,整车更安静。扁线电机导线应力和绕组刚性较大,电枢具备更好的刚度,弹性模量提高,物体模态发生变化,更有利于阻抗共振的发生,对电枢噪声具有抑制作用。此外,齿槽转矩是永磁电机的一个固有问题,虽然它不会使电机平均有效转矩增加或减少,但它会引起速度波动、电机振动和噪声(NVH)。扁线绕组通过铁芯端部插线,不需要从槽口嵌线,电磁设计上相对而言有较小的槽口尺寸,电机齿槽转矩可降低19%,NVH可下降12%,进一步抑制了电磁噪声。

扁线小体积带来高集成效率,契合多合一电驱发展趋势。扁线槽满率高,绕线方法更先进,更易裁剪,绕组端部高度可降低15%上下,更易压缩,相同功率下电机的体积更小;相对于传统圆线铜线绕组,扁线铁芯的有效体积下降,轴向可缩短15%,外径可缩短10%,铜用量可下降20%左右,整体重量可下降10%,符合当前电机轻量化和小型化的趋势。

六、驱动桥检修

(一)减速机构

如图3-46所示为驱动电机转速转矩特性,当电机转速小于额定转速(n_b)时,输出恒定转矩。这种特性利于汽车驱动要求,从而不再需要多挡位变化的变速器,驱动结构大幅简化。

如图3-47为吉利帝豪EV450纯电动汽车的减速机构,由输入轴齿轮、中间轴输入齿轮、中间轴输出齿轮、输出轴齿轮及差速器组成。驱动电机的动力输出轴通过花键直接与减速机构输入轴齿轮连接,通过中间轴输入\输出齿轮两级减速后传递给输出轴齿轮及差速器壳体,转动方向与驱动电机旋转方向相同,实现降低

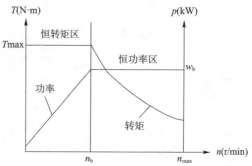

图3-46 驱动电机转速转矩特性

转速增大转矩的作用。差速器壳体的动力经差速器传递给驱动半轴,满足汽车转弯及在不平整路面行驶时,左右驱动轮以不同的转速旋转,保证车辆的平稳行驶,同时避免轮胎异常快速磨损。

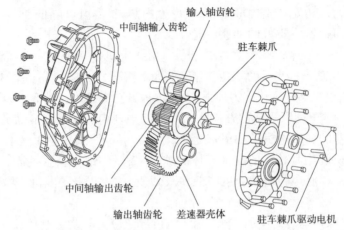

图 3-47 吉利帝豪 EV450 纯电动汽车减速机构

(二) 驻车锁止机构

汽车换挡杆置于 P 挡位时,驻车锁止机构将减速器齿轮在旋转方向上与变速器壳体固定,防止汽车停车状态溜车。

驻车锁止工作过程:驾驶人操作换挡杆进入 P 挡,电子换挡器将驻车请求信号发送给控制单元,控制单元结合当前驱动电机转速及车轮转速判断是否符合驻车条件。当条件满足时,控制单元向驻车棘爪驱动电机发送指令使其工作,如图 3-48 所示,带动棘爪推片转动,使棘爪推片按压驻车棘爪,驻车棘爪嵌入锁止轮的齿槽,实现锁止固定。当驾驶人操作换挡杆退出 P 挡位时,电机工作复位,驻车棘爪和棘爪推片在复位弹簧作用下复位,驻车棘爪退出锁止轮齿槽。

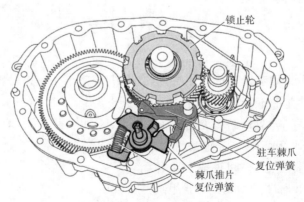

图 3-48 驻车锁止机构

(三) 差速器

如图 3-49 所示,汽车绕圈行驶时,外侧轮胎行驶距离大于内侧轮胎,如果内外侧驱动轮不能独立转动,那么外侧轮胎会出现边滚边滑的情况,导致快速磨损。差速器的作用是保证汽车转弯行驶或在不平路面上行驶时,使左右车轮以不同转速滚动,保证两侧驱动车轮作纯滚动运动。

如图 3-50 所示,差速器由行星齿轮、行星架和太阳轮组成,行星架与变速器输出齿轮固定连接,行星齿轮通过行星轴与行星架连接,行星齿轮可以在行星轴上转动,两个太阳轮与驱动半轴连接,当变速器输出齿轮带动行星架转动时,动力会通过行星轴、行星齿轮传递给太阳轮,然后由两个太阳轮带动左右半轴旋转。

差速器功用

图 3-49　汽车线圈行驶　　　　图 3-50　差速器结构

当汽车直线行驶时,左右驱动轮轮速相同,行星齿轮只公转不自转,两个太阳轮之间不做相对转动;当汽车转弯时,左右驱动轮出现转速差,外侧轮速高于内侧轮速,行星齿轮开始绕着速度较慢的一个太阳轮旋转,使得与外侧车轮相连的太阳轮转动更快,此时行星齿轮既作公转运动,也作自转运动,从而实现内外侧驱动轮的转速差。

技能实训

(一) 驱动电机总成的更换

1. 准备工作

(1) 拆装设备:吉利纯电动汽车 EV450。

(2) 拆装工具:常用拆装工具、举升平台车、冷媒回收加注机、高压防护设备。

(3) 检测工具:万用表、兆欧表。

2. 技术要求与注意事项

(1) 拆卸驱动电机总成时,必须相互配合提醒,并穿好工作鞋,戴好手套,避免零部件掉落或挤压受伤。

(2) 兆欧表在使用过程,需要做好触电防护,防止被兆欧表释放的高压电所伤。

(3) 对所使用的纸质维修手册、电脑、检测仪器、常用拆装工具要及时规整复位,并对场地进行 5S 作业。

3. 操作步骤

填写作业信息表,见表 3-3。

作业信息表 表3-3

作业项目	作业内容
整车型号	
里程表读数	
客户反应	
确认仪表显示	
※确认故障症状并记录症状现象	
执行高压断电流程并完成断电	

操作步骤及操作方法见表3-4。

操作步骤及操作方法表 表3-4

序号	操作步骤	操作方法及说明
1	拆卸准备	(1)打开机舱盖; (2)断开蓄电池负极电缆,等待5min; 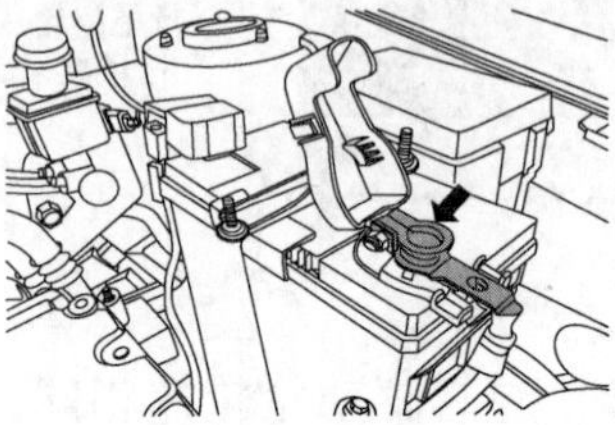 (3)向上推动直流母线卡扣保险,断开车载充电器处直流母线; 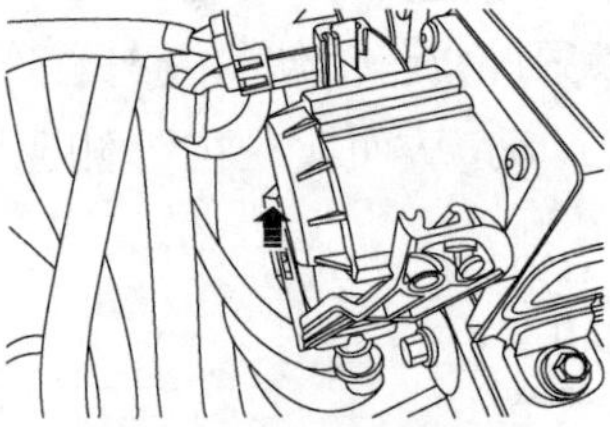 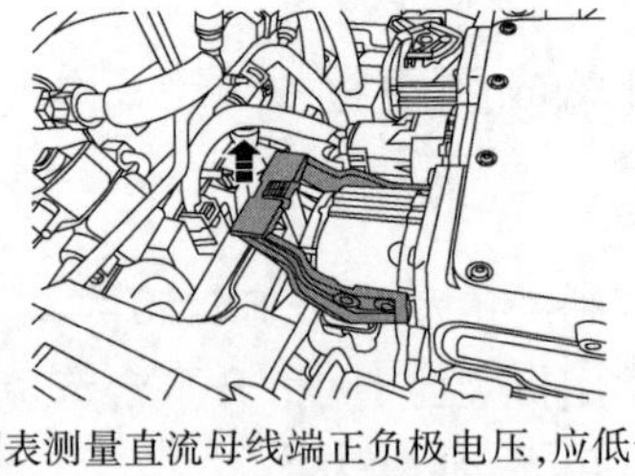 (4)戴绝缘手套,用万用表测量直流母线端正负极电压,应低于1V
2	拆卸驱动电机周边部件	(1)回收空调制冷剂; (2)拆卸左、右前轮胎; (3)拆卸机舱底部护板总成; (4)拆卸车载充电器; (5)拆卸电机控制器; (6)拆卸制冷空调管; (7)拆卸驱动轴; (8)拆卸压缩机; (9)拆卸空调真空泵; (10)拆卸冷却水泵

续上表

序号	操作步骤	操作方法及说明
3	拆卸驱动电机总成	(1) 断开 TCU 控制器插头①； (2) 断开减速器电机插头②； (3) 拆卸线束卡扣③； (4) 断开驱动电机线束插头①； (5) 拆卸线束卡扣②； (6) 拆卸线束搭铁线； (7) 拆卸电机进、出水管卡箍，脱开电机冷却水管。注意，水管脱开前在车辆底部放置容器，并用专用卡箍钳拆卸卡箍； (8) 拆卸后悬置； (9) 放置举升平台车；

续上表

序号	操作步骤	操作方法及说明
3	拆卸驱动电机总成	(10)拆卸动力总成两个固定螺母; (11)缓慢下降举升平台,拆下驱动电机总成
4	安装驱动电机总成	(1)将驱动电机总成放置在举升平台工具上; (2)缓慢举升; (3)紧固动力总成两个固定螺母,力矩为80N·m; (4)连接驱动电机进、出水管;

续上表

序号	操作步骤	操作方法及说明
4	安装驱动电机总成	(5) 安装线束搭铁线, 力矩为 9N·m; (6) 连接驱动电机线束连接器①; (7) 安装线束卡扣②; (8) 连接 TCU 控制器线束连接器①; (9) 连接减速器电机线束连接器②; (10) 安装线束卡扣③
5	安装驱动电机周边部件	(1) 安装后悬置; (2) 安装压缩机; (3) 安装冷却水泵; (4) 安装制动真空泵; (5) 安装制冷空调管; (6) 安装电机控制器; (7) 加注减速器油; (8) 安装机舱底部护板; (9) 安装左、右前轮轮胎; (10) 连接车载充电器处直流母线; (11) 加注冷却液; (12) 连接蓄电池负极电缆; (13) 操作空调制冷剂的加注程序; (14) 关闭前机舱盖, 验证车辆状况

4. 评价与反馈

(1) 自我评价与反馈。

填写作业信息表,见表 3-5。

作业信息表　　　　　　　　表 3-5

设备信息	品牌：	型号：
所用工具		
所用量具		
专用工具		
防护设备		

驱动电机总成更换记录见表 3-6。

驱动电机总成更换记录表　　　　　　　　表 3-6

序号	内容	要求	完成情况
1	查阅维修手册	手册名称：_____ 页　码：_____	□完成 □部分完成 □未完成
2	断开高压电	(1)使用工具_____ (2)高压防护_____ (3)工艺要求_____	□完成 □部分完成 □未完成
3	拆卸驱动电机周边部件	(1)使用工具_____ (2)工艺要求_____	□完成 □部分完成 □未完成
4	拆卸驱动电机总成	(1)使用工具_____ (2)工艺要求_____	□完成 □部分完成 □未完成
5	安装驱动电机总成	(1)使用工具_____ (2)工艺要求_____	□完成 □部分完成 □未完成
6	安装驱动电机周边部件	(1)使用工具_____ (2)工艺要求_____	□完成 □部分完成 □未完成

(2) 小组评价与反馈(表 3-7)。

小组评价与反馈表　　　　　　　　表 3-7

序号	内容	评定等级
1	作业前准备	□优秀　□良好　□中等　□不及格
2	高压安全防护	□优秀　□良好　□中等　□不及格

续上表

序号	内容	评定等级
3	拆卸顺序	□优秀 □良好 □中等 □不及格
4	安装顺序	□优秀 □良好 □中等 □不及格
5	工具使用	□优秀 □良好 □中等 □不及格

(3) 教师评价与反馈(表3-8)。

教师评价与反馈表　　　　表3-8

序号	内容	评定等级
1	手册使用	□优秀 □良好 □中等 □不及格
2	工具使用	□优秀 □良好 □中等 □不及格
3	技术规范	□优秀 □良好 □中等 □不及格
4	作业数据记录	□优秀 □良好 □中等 □不及格
5	操作素养(5S、态度)	□优秀 □良好 □中等 □不及格

(4) 技能考核标准(表3-9)。

技能考核标准表　　　　表3-9

序号	项目	操作内容	规定分	评分标准	得分
1	数据记录	作业对象数据记录 作业过程数据记录	20分	记录数据准确、清楚	
2	操作前准备	维修手册查询 拆装前的准备	20分	手册查询准确 工具准备合理到位	
3	高压断电作业	维修手册查询 断开车载充电器处直流母线	30分	安全防护作业到位 作业流程规范合理	
4	驱动电机总成更换	驱动电机总成的拆卸驱动电机总成的安装	30分	拆装过程合理 工具使用合理 完成所有拆装作业项目	
	总分		100分		

(二) 驱动电机检测

1. 准备工作

(1) 拆装设备:比亚迪E5驱动电机(已从整车上拆下)。
(2) 拆装工具:常用拆装工具。
(3) 检测工具:搭铁电阻测试仪、兆欧表、万用表、气压表。

2. 技术要求与注意事项

(1) 拆卸驱动电机总成减速器时,必须相互配合提醒,并穿好工作鞋,戴好手套,避免零

比亚迪秦电机驱动系统检测 a)

比亚迪秦电机驱动系统检测 b)

部件掉落或挤压受伤。

(2)兆欧表在使用过程,需要做好触电防护,防止被兆欧表释放的高压电所伤。

(3)对所使用的纸质维修手册、电脑、检测仪器、常用拆装工具要及时规整复位,并对场地进行5S作业。

3. 操作步骤

操作步骤及操作方法见表3-10。

操作步骤及操作方法表　　　　　　表3-10

序号	操作步骤	操作方法及说明
1	利用维修手册查找电机铭牌,获取信息	(1)查阅动力蓄电池信息,本次操作选取比亚迪 E5 维修手册; (2)翻阅手册,确认驱动电机在车辆上的安装位置,同时确认电机铭牌在电机上的安装位置后,读取记录电机信息  说明:由铭牌可知,该电机为永磁同步电机,因此以下步骤的检查,均以永磁同步电机的检查要求展开。
2	电机冷却回路密封性检查	(1)选择气压表,并连接气源; 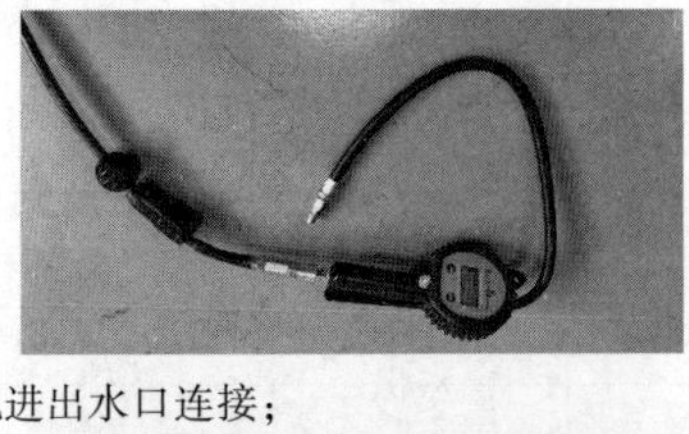 (2)将软管与驱动电机进出水口连接;  (3)检查密封性,施加不低于 200kPa 的气压,保持时间不低于 15min 

续上表

序号	操作步骤	操作方法及说明
3	冷态绝缘电阻检查	(1)选用8#套筒及棘轮扳手,拆卸电机盖板; (2)选用兆欧表,检测驱动电机U、V、W三相线束连接点对壳体的绝缘电阻值 注:绝缘电阻值大于20MΩ
4	电机定子绕组短路检查	(1)选用搭铁电阻测试仪(毫欧表),选择20Ω量程挡,连接两测量夹,按"测试"键,进行校零测试; (2)将测量夹分别夹在U-V、U-W、V-W之间,检测定子绕组短路值 注: 校零值为0.00Ω; 定子绕组间的标准电阻: U-V:1.9Ω±0.8Ω U-W:1.9Ω±0.8Ω V-W:1.9Ω±0.8Ω

续上表

序号	操作步骤	操作方法及说明
5	电机定子绕组断路检查	(1)选择万用表,选择200Ω量程挡进行校零; 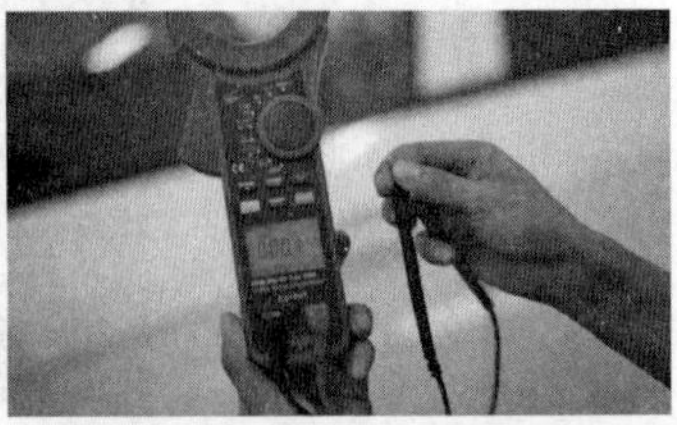 (2)拆卸驱动电机总成减速器;  (3)万用表选择交流挡,检测表棒分别连接驱动电机 U、V、W 三相线束连接点,转动电机转子,读取万用表电压值  注: 万用表电压值随转子转动而变化,为正常

4. 评价与反馈

(1)自我评价与反馈。

填写作业信息表,见表3-11。

作业信息表　　　　　　　　　　表3-11

设备信息	品牌:	型号:
所用工具		
所用量具		
专用工具		
防护设备		

驱动电机总成更换记录见表3-12。

驱动电机总成更换记录表 　　　　　　　　　　　　　表 3-12

序号	内　容	要　　　求	完成情况
1	查阅维修手册	手册名称：_____ 页　码：_____	□完成 □部分完成 □未完成
2	电机冷却回路密封性检查	(1) 气压表使用_____ (2) 检查步骤_____ (3) 数据记录及分析_____	□完成 □部分完成 □未完成
3	冷态绝缘电阻检查	(1) 兆欧表使用_____ (2) 检查步骤_____ (3) 数据记录及分析_____	□完成 □部分完成 □未完成
4	电机定子绕组短路检查	(1) 搭铁电阻测试仪使用_____ (2) 检查步骤_____ (3) 数据记录及分析_____	□完成 □部分完成 □未完成
5	电机定子绕组断路检查	(1) 万用表使用_____ (2) 检查步骤_____ (3) 数据记录及分析_____	□完成 □部分完成 □未完成

(2) 小组评价与反馈 (表 3-13)。

小组评价与反馈表　　　　　　　　　　　　　表 3-13

序号	内　容	评　定　等　级
1	作业前准备	□优秀　□良好　□中等　□不及格
2	电机冷却回路密封性检查	□优秀　□良好　□中等　□不及格
3	冷态绝缘电阻检查	□优秀　□良好　□中等　□不及格
4	电机定子绕组短路检查	□优秀　□良好　□中等　□不及格
5	电机定子绕组断路检查	□优秀　□良好　□中等　□不及格

(3) 教师评价与反馈 (表 3-14)。

教师评价与反馈表　　　　　　　　　　　　　表 3-14

序号	内　容	评　定　等　级
1	手册使用	□优秀　□良好　□中等　□不及格
2	工具使用	□优秀　□良好　□中等　□不及格
3	技术规范	□优秀　□良好　□中等　□不及格
4	作业数据记录	□优秀　□良好　□中等　□不及格
5	操作素养(5S、态度)	□优秀　□良好　□中等　□不及格

(4)技能考核标准(表3-15)。

技能考核标准表 表3-15

序号	项目	操作内容	规定分	评分标准	得分
1	数据记录	作业对象数据记录 作业过程数据记录	10分	记录数据准确、清楚	
2	操作前准备	维修手册查询 检测前的准备	10分	手册查询准确 工具准备合理到位	
3	电机冷却回路密封性检查	维修手册查询 合理正确使用气压表检测	20分	检测步骤合理规范 检测数据分析判断准确	
4	冷态绝缘电阻检查	维修手册查询 合理正确使用兆欧表检测	20分	检测步骤合理规范 检测数据分析判断准确	
5	电机定子绕组短路检查	维修手册查询 合理正确使用搭铁电阻测试仪检测	20分	检测步骤合理规范 检测数据分析判断准确	
6	电机定子绕组断路检查	维修手册查询 合理正确使用万用表检测	20分	检测步骤合理规范 检测数据分析判断准确	
	总分		100分		

(三)旋转变压器检测

1.准备工作

(1)拆装设备:吉利帝豪EV450纯电动汽车。

(2)拆装工具:常用拆装工具、高压防护用品。

(3)检测工具:万用表。

2.技术要求与注意事项

(1)断开驱动电机线束连接器BV13与电机控制器线束连接器BV11时必须对车辆进行下电操作。

(2)涉及高压操作必须做好高压防护工作。

(3)对所使用的纸质维修手册、电脑、车辆、常用工具、检测设备等要及时规整复位,并对场地进行5S作业。

3.操作步骤

操作步骤及操作方法见表3-16。

操作步骤及操作方法表 表3-16

序号	操作步骤	操作方法及说明
1	准备工位	(1)准备转向盘套、座椅套和地板垫; (2)准备车轮挡块; (3)查看车辆信息,选取维修手册,本次任务选用吉利帝豪EV450纯电动汽车; (4)准备诊断仪,本次任务选用吉利帝豪EV450纯电动汽车诊断仪; (5)准备万用表

续上表

序号	操作步骤	操作方法及说明
2	检测准备	(1)高压防护:绝缘垫绝缘测试;检查并佩戴安全帽、绝缘手套、护目镜; (2)操作起动开关使电源模式置于 OFF 状态; (3)断开蓄电池负极电缆 注:绝缘垫阻值大于 20MΩ;蓄电池负极电缆用绝缘胶带包裹
3	检测驱动电机旋转变压器的正弦、余弦、励磁电阻值	(1)举升车辆至合适位置,并断开驱动电机线束连接器 BV13,准备对旋转变压器部件插座相关针脚进行测量; (2)用万用表电阻挡检测正弦线圈电阻; | 测量点 A | 测量点 B | | --- | --- | | BV13-9 | BV13-10 | (3)用万用表电阻挡检测余弦线圈电阻; | 测量点 A | 测量点 B | | --- | --- | | BV13-7 | BV13-8 | (4)用万用表电阻挡检测励磁线圈电阻; | 测量点 A | 测量点 B | | --- | --- | | BV13-11 | BV13-12 | 注:标准电阻如下。 余弦线圈:14.5Ω±1.5Ω; 正弦线圈:13.5Ω±1.5Ω; 励磁线圈:9.5Ω±1.5Ω
4	检测驱动电机信号屏蔽线路	(1)确认起动开关使电源模式处于 OFF 状态; (2)断开车载充电器直流母线; (3)断开电机控制器线束连接器 BV11;

续上表

序号	操作步骤	操作方法及说明
4	检测驱动电机信号屏蔽线路	(4)用万用表电阻挡测量电机控制器线束连接器 BV11-1 和车身搭铁之间的电阻; (5)用万用表电阻挡测量电机控制器线束连接器 BV11-11 和车身搭铁之间的电阻 注:标准电阻小于 1Ω
5	检测驱动电机旋转变压器余弦信号线路	(1)断开驱动电机线束连接器 BV13 与电机控制器线束连接器 BV11; (2)断开驱动电机线束连接器 BV13 与电机控制器线束连接器 BV11; (3)用万用表电阻挡,200Ω 量程,判断线路断路状况; | 测量点 A | 测量点 B | | --- | --- | | BV13-7 | BV13-16 | | BV13-8 | BV13-23 | 注:标准电阻小于 1Ω (4)用万用表电阻挡,20KΩ 量程,判断线路短路状况; | 测量点 A | 测量点 B | | --- | --- | | BV13-7 | BV13-8 | | BV13-7 | 车身搭铁 | | BV13-8 | 车身搭铁 | 注:标准电阻 10kΩ 或更高 (5)连接蓄电池负极电缆; (6)操作启动开关使电源模式置于 ON 状态;

续上表

序号	操作步骤	操作方法及说明
5	检测驱动电机旋转变压器余弦信号线路	(7)用万用表电压挡判断线路对电压短路状况 | 测量点 A	测量点 B | |---|---|
BV13-7	车身搭铁
BV13-8	车身搭铁	 注:标准电压 0V
6	检测驱动电机旋转变压器正弦信号线路	(1)操作启动开关使电源模式置于 OFF 状态; (2)断开蓄电池负极电缆; (3)断开驱动电机线束连接器 BV13 与电机控制器线束连接器 BV11; (4)用万用表电阻挡判断线路断路状况; | 测量点 A	测量点 B | |---|---|
BV13-9	BV11-17
BV13-10	BV11-24 | 注:标准电阻小于 1Ω。 (5)用万用表电阻挡判断线路短路状况; | 测量点 A	测量点 B | |---|---|
BV13-9	BV13-10
BV13-9	车身搭铁
BV13-10	车身搭铁 | 注:标准电阻 10kΩ 或更高。 (6)连接蓄电池负极电缆; (7)操作启动开关使电源模式置于 ON 状态; (8)用万用表电压挡判断线路对电压短路状况 | 测量点 A	测量点 B | |---|---|
BV13-9	车身搭铁
BV13-10	车身搭铁	 注:标准电压 0V
7	检测驱动电机旋转变压器励磁信号线路	(1)操作起动开关使电源模式置于 OFF 状态; (2)断开蓄电池负极电缆; (3)断开驱动电机线束连接器 BV13 与电机控制器线束连接器 BV11; (4)用万用表电阻挡判断线路断路状况; | 测量点 A	测量点 B | |---|---|
BV13-11	BV11-22
BV13-12	BV11-15	 注:标准电阻小于 1Ω

续上表

序号	操作步骤	操作方法及说明
7	检测驱动电机旋转变压器励磁信号线路	(5)用万用表电阻挡判断线路短路状况； | 测量点 A	测量点 B | |---|---| | BV13-11 | BV13-12 | | BV13-11 | 车身搭铁 | | BV13-12 | 车身搭铁 | 注：标准电阻 10kΩ 或更高。 (6)连接蓄电池负极电缆； (7)操作启动开关使电源模式置于 ON 状态； (8)用万用表电压挡判断线路对电压短路状况 | 测量点 A	测量点 B | |---|---| | BV13-11 | 车身搭铁 | | BV13-12 | 车身搭铁 | 注：标准电压 0V
8	复位整理	(1)连接各断开的连接器,连接蓄电池负极端； (2)恢复车辆、工具、仪器； (3)清洁车辆、地面、操作台

4. 评价与反馈

(1)自我评价与反馈。

填写作业信息表,见表 3-17。

作 业 信 息 表　　　　　　　　　　　　　　表 3-17

设备信息	品牌：	型号：
所用工具		
所用量具		
专用工具		
防护设备		

旋转变压器检测记录见表 3-18。

旋转变压器检测记录表　　　　　　　　　　表 3-18

序　号	内　容	要　求	完成情况
1	查阅维修手册	手册名称：_____ 页　码：_____	□完成 □部分完成 □未完成
2	检测驱动电机旋转变压器的正弦、余弦、励磁电阻值	(1)万用表使用_____ (2)检查步骤_____ (3)数据记录及分析_____	□完成 □部分完成 □未完成

续上表

序号	内　容	要　求	完成情况
3	检测驱动电机信号屏蔽线路	(1)万用表使用_____ (2)检查步骤_____ (3)数据记录及分析_____	□完成 □部分完成 □未完成
4	检测驱动电机旋转变压器余弦信号线路	(1)万用表使用_____ (2)检查步骤_____ (3)数据记录及分析_____	□完成 □部分完成 □未完成
5	检测驱动电机旋转变压器正弦信号线路	(1)万用表使用_____ (2)检查步骤_____ (3)数据记录及分析_____	□完成 □部分完成 □未完成
6	检测驱动电机旋转变压器励磁信号线路	(1)万用表使用_____ (2)检查步骤_____ (3)数据记录及分析_____	□完成 □部分完成 □未完成

(2)小组评价与反馈(表3-19)。

小组评价与反馈表　　　表3-19

序号	内　容	评定等级
1	作业前准备	□优秀　□良好　□中等　□不及格
2	驱动电机旋转变压器的正弦、余弦、励磁电阻值检测	□优秀　□良好　□中等　□不及格
3	驱动电机信号屏蔽线路检测	□优秀　□良好　□中等　□不及格
4	驱动电机旋转变压器余弦信号线路检测	□优秀　□良好　□中等　□不及格
5	驱动电机旋转变压器正弦信号线路检测	□优秀　□良好　□中等　□不及格
6	驱动电机旋转变压器励磁信号线路检测	□优秀　□良好　□中等　□不及格

(3)教师评价与反馈(表3-20)。

教师评价与反馈表　　　表3-20

序号	内　容	评定等级
1	手册使用	□优秀　□良好　□中等　□不及格
2	工具使用	□优秀　□良好　□中等　□不及格
3	技术规范	□优秀　□良好　□中等　□不及格
4	作业数据记录	□优秀　□良好　□中等　□不及格
5	操作素养(5S、态度)	□优秀　□良好　□中等　□不及格

(4)技能考核标准(表3-21)。

技能考核标准表　　　　　　　　　　表3-21

序号	项目	操作内容	规定分	评分标准	得分
1	数据记录	作业对象数据记录 作业过程数据记录	10分	记录数据准确、清楚	
2	操作前准备	维修手册查询 检测前的准备	10分	手册查询准确 工具准备合理到位	
3	驱动电机旋转变压器的正弦、余弦、励磁电阻值检测	维修手册查询 合理正确使用万用表检测	20分	检测步骤合理规范 检测数据分析判断准确	
4	检测驱动电机信号屏蔽线路	维修手册查询 合理正确使用万用表检测	15分	检测步骤合理规范 检测数据分析判断准确	
5	检测旋转变压器余弦信号线路	维修手册查询 合理正确使用万用表检测	15分	检测步骤合理规范 检测数据分析判断准确	
6	检测旋转变压器正弦信号线路	维修手册查询 合理正确使用万用表检测	15分	检测步骤合理规范 检测数据分析判断准确	
7	检测旋转变压器励磁信号线路	维修手册查询 合理正确使用万用表检测	15分	检测步骤合理规范 检测数据分析判断准确	
	总分		100分		

思考与练习

(一) 单项选择题

1. 电动机的输出功率由( )和转矩决定。
   A. 扭矩　　　　B. 转速　　　　C. 电流　　　　D. 电压
2. ( )状态下,电机的功率因数最高,一般为0.7~0.9。
   A. 电动机在额定负载运行　　　　B. 电动机在额定功率运行
   C. 电动机在最小负载运行　　　　D. 电动机在最大负载运行
3. 差速器由( )、行星架和太阳轮组成。
   A. 锥齿轮　　　B. 直齿轮　　　C. 斜齿轮　　　D. 行星轮
4. 永磁同步电机和三相交流感应电机( )结构基本相同。
   A. 定子　　　　B. 转子
5. 在( ),通常转子位置传感器与电机轴连在一起,用来随时测定转子磁极的位置,为电子换向提供正确的信息。

A. 永磁同步电机　　B. 三相交流感应电机

C. 直流电动机

（二）多项选择题

1. 三相交流感应电机的制动方式有（　　），其中电动汽车上用（　　）制动方式。

　　A. 能耗制动　　　B. 反接制动　　　C. 发电反馈制动

2. 常见的转速位置传感器有（　　）和（　　）。

　　A. 曲轴位置传感器　　　　　　B. 凸轮轴位置传感器

　　C. 旋转变压器　　　　　　　　D. 光电码盘

3. 交流感应电机的调速方式有（　　）。

　　A. 调压调速　　　B. 变极调速　　　C. 电阻调速　　　D. 变频调速

4. 三相交流感应电机的起动方式有（　　）。

　　A. 直接起动　　　B. 降压起动　　　C. 降频起动　　　D. 间接起动

5. 变频控制器主电路包括（　　）。

　　A. 整流　　　　　B. 滤波　　　　　C. 逆变　　　　　D. 反馈

（三）判断题

1. 电机不能过载，过载会损坏电动机。（　　）
2. 电机种类较多，但都有转子和定子。（　　）
3. 电机的转子和定子上都有绕组。（　　）
4. 转动惯量越大，电机的响应速度越快。（　　）
5. 功率因数是电机的重要参数，其值越大越好。（　　）
6. 电机的绝缘等级越高，耐温也越高。（　　）
7. 永磁同步电机和交流感应电机的工作原理基本相同。（　　）
8. 永磁同步电机相比交流感应电机更加节能，电机成本也更高。（　　）
9. 永磁同步电机和交流感应电机的起动方法相同。（　　）
10. 三相交流感应电机当输入电源中有一相断路时，电机仍能够起动运行。（　　）
11. 运行中的三相交流感应电机突然有一相电源断路时，电机还可继续运行。（　　）
12. 一般电机既可以运行在电动机状态，又可以运行在发电机状态。（　　）
13. 相比三相交流感应电机，永磁同步电机节能高效，抗恶劣环境，更适合用于驱动电动汽车。（　　）
14. 功率密度越大，电机的体积和质量也越大。（　　）
15. 三相交流感应电机既可以正转也可以反转，反转时仅需将三相线中的任意两相交换即可。（　　）

（四）简答题

1. 电动汽车对驱动电机的特性有哪些要求？

2. 简述永磁同步电机的结构组成。
3. 简述三相交流感应电机的工作原理。
4. 交流感应电机的特点？
5. 驻车锁止机构的作用及工作过程？
6. 差速器的作用及工作过程？
7. 电机的防护等级是如何规定的？
8. 交流感应电机能够正常工作必须满足哪两个基本条件？

模块四 新能源汽车驱动电机控制系统结构原理与故障检修

 学习目标

★ **知识目标**
1. 了解电机控制系统的结构功能；
2. 理解电机控制系统的工作原理；
3. 了解电机控制系统的控制策略。

★ **技能目标**
1. 能够完成电机控制系统的维护；
2. 能够完成电机控制器总成更换；
3. 能够完成电机控制系统常见故障诊断与检修。

★ **素养目标**
1. 培养高压安全规范作业的意识；
2. 培育逻辑诊断思维；
3. 树立国产自主品牌荣誉感。

 建议课时：24 课时。

一辆新能源电动车仪表台 READY 指示灯未点亮车辆无法行驶，被拖运到维修站进行维修。据车主反应曾经在行驶过程中出现过加速异常，经过维修站技师排查确定电机控制系统存在故障。

一、驱动电机控制系统的结构功能

(一) 电机控制系统的功用

驱动电机控制系统是电动汽车三大核心之一，是车辆行驶的主要执行机构，其特性决定了车辆的主要性能指标,直接影响车辆动力性、经济性和用户驾乘感受。

电机控制系统由动力总成(驱动电机 DM)、高压配电设备、电机控制器(MCU)、高低压线束和相关传感器等组成,如图 4-1 所示。整车控制器(VCU)根据驾驶人意图发出各种指令,电机控制器响应并反馈,实时调整驱动电机输出,以实现整车的怠速、前行、倒车、停车、能量回收以及驻坡等功能。电机控制器另一个重要功能是通信和保护,实时进行状态和故障检测,保护驱动电机系统和整车安全可靠运行。电机控制器主要功能如下:①怠速控制(爬行);②控制电机正转(前进);③控制电机反转(倒车);④能量回收(交流转换直流);⑤驻坡(防溜车)。电机控制器另一个重要功能是通信和保护,实时进行状态和故障检测,保护驱动电机系统和故障反馈。

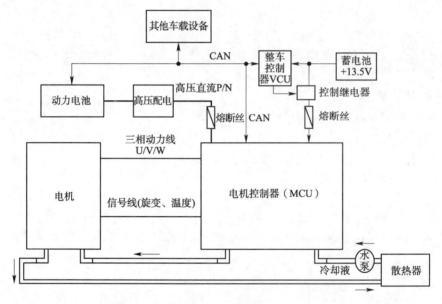

图 4-1　系统结构图

(二) 电机控制系统的组成及功能

1. 电机控制智能模块

驱动电机控制器是电机系统的控制中心,又称智能功率模块,以 IGBT(绝缘栅双极型晶体管)模块为核心,辅以驱动集成电路、主控集成电路:对所有的输入信号进行处理,并将驱动电机控制系统运行状态的信息通过网络发送给整车控制器。驱动电机控制器内含故障诊断电路。当诊断出异常时,它将会激活一个错误代码,发送给整车控制器,同时也会存储该故障码和数据。使用以下传感器来提供驱动电机系统的工作信息,包括电流传感器,用以检测电机工作的实际电流(包括母线电流、三相交流电流);电压传感器,用以检测供给电机控制器工作的实际电压(包括动力蓄电池电压、12V 蓄电池电压);温度传感器,用以检测电机控制系统的工作温度(包括 IGBT 模块温度、电机控制器板载温度)。图 4-2 为北汽 EU5 PEU。

IGBT 模块简称绝缘栅双极型晶体管,是由双极型三极管和绝缘栅型场效应管组成的复合全控型电压驱动式功率半导体器件,兼有 MOSFET 的高输入阻抗和 GTR 的低导通压降两方面的优点。GTR 饱和压降低,载流密度大,但驱动电流较大;MOSFET 驱动功率很小,开关速度快,但导通压降大,载流密度小。IGBT 综合了以上两种器件的优点,驱动功率小而饱和压降低。是电机控制器电压变换与传输的核心器件。目前国内外主流品牌车型多数采用 IGBT,部分国产特斯拉也采用 MOSFET 驱动。

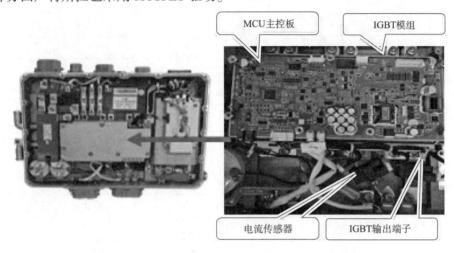

图 4-2 北汽 EU5 PEU

2. 电机控制参数

如图 4-3 所示,电机控制器安装在前舱内,采用 CAN 通信控制,控制着动力蓄电池组到电机之间能量的传输,同时采集电机位置信号和三相电流检测信号,精确地控制驱动电机运行。电机控制器是一个既能将动力蓄电池中的直流电转换为交流电以驱动电机,又具备将车轮旋转的动能转换为电能(交流电转换为直流电)给动力蓄电池充电的设备。DC/DC 集成在电机控制器内部,其功能是将蓄电池的高压电转换成低压电,提供整车低压系统供电。

电机控制器的主要参数由技术指标和技术参数组成。技术指标包括额定功率、峰值功率、额定转矩、峰值转矩、最高转速、温度传感器类型、温度传感器型号、输入电压、工作电压范围、控制电源(通常为 9~12V)、标称容量、防护等级、尺寸等,见表 4-1。电机控制器主要由接口电路、控制主板、IGBT 模块(驱动)、超级电容、放电电阻、电流感应器、壳体水道等组成。

图 4-3 吉利 EV450 电机控制器安装位置

电机控制参数 表 4-1

项　目	参　数
额定功率	42kW
峰值功率	120kW
额定转矩	105N·m
峰值转矩	250N·m
最高转速	12000r/min
温度传感器类型	NTC
温度传感器型号	SEMITEC 103NT-4(11-C041-4)-
冷却液类型	50%水+50%乙二醇
冷却液流量要求	2~6L/min
质量	10.8kg
防护等级	IP67
高压线束绝缘电阻	≥20MΩ
搭铁电阻	≤0.1Ω

3. 超级电容元件

超级电容是一种以电场形式储存能量的无源器件。在需要电机起动的时候,电容能够把储存的能量释出至电路。接通高压电路时给电容充电,在电机起动时保持电压的稳定。断开高压电路时,通过电阻给电容放电,放电电阻通常和电容器并联,电源波动时,电容器会随之充放电,放电电阻如图4-4所示。当控制器带动的电机或其他感性负载在停机的时候,可采用能耗制动的方式来实现的,就是把停止后电机的动能和线圈里面的磁能都通过一个其他耗能元件消耗掉,从而实现快速停车。当供电停止后,控制器的逆变电路就反向导通,把这些剩余电能反馈到变频器的直流母线上来,母线上的电压会因此而升高,当升高到一定值的时候,电阻就投入运行,使这部分电能通过电阻发热的方式消耗掉,同时维持母线上的电压保持一个正常值。放电电路故障,有可能会导致高压断电。等效电路如图4-5所示。

图 4-4　放电电阻　　　　　　图 4-5　等效电路

滤波电容是功率回路的一个极为重要的元件,新能源汽车整流电路中运用滤波电容作为整流环节,起到滤波和储能的作用,因而滤波电容的性能直接影响整车的性能。

早期的车载变流器中的滤波电容通常采用电解电容。由于电解电容等效电感和等效电阻的存在,使得电解电容工作于高频状态的等效容量迅速下降,严重时将影响变流器的性能。同时,高频下电解电容的纹波电流在等效电阻作用下的发热和对电解电容寿命的影响变得不容忽视。

为进一步降低变流器的体积和质量,适应宽电压范围、大功率应用需求,需要一个紧凑、低损耗、性价比高的 DC-Link 电容器,电容器电压可高达 1000VDC,容量值可达 3000uF。而电解电容额定电压低于 500V,且在一定的布置空间内,交流容量比较有限,难以满足上述工况需求。膜电容器的电压标准可达到 1000VDC 以上,使用温度达到 105~125℃,并最大化了体积填充系数,比较适合上述工况的应用。典型的用薄膜电容器替代电解电容器的应用例子就是丰田的普锐斯混合动力系统。Prius I 使用的滤波电容器是电解电容器,Prius II 便开始使用薄膜滤波电容器组,如图 4-6 所示。

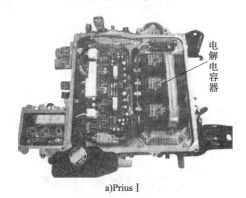
a) Prius I

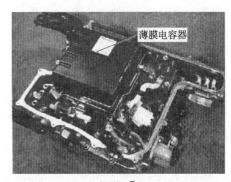
b) Prius II

图 4-6 丰田普锐斯混合动力系统变流器

4. 旋变传感器(转速传感器)

旋变传感器又称旋转变压器。主要用以检测永磁同步电机转子,控制器编码后可以获知电机位置、速度、方向。传感器线圈固定在壳体上,信号齿圈固定在转子上。传感器线圈由励磁、正弦、余弦三组线圈组成一个传感器,如图 4-7 所示。

图 4-7 旋变传感器

旋变传感器是一种输出电压随转子转角变化的信号元件。当励磁绕组以一定频率的交流电压励磁时,输出绕组的电压幅值与转子转角成正、余弦函数关系,这种旋转变压器又称为正余弦旋转变压器。如图 4-8 所示旋转变压器用于运动伺服控制系统中,作为角度位置的传感和测量用。永磁交流电动机的位置传感器,原来是以光学编码器居多,但这些年来,却迅速地被旋转变压器代替。旋转变压器(简称旋变)是一种输出电压随转子转角变化的信号元件。当励磁绕组以一定频率的交流电压励磁时,输出绕组的电压幅值与转子转角成正弦、余弦函数关系或保持某一比例关系,或在一定转角范围内与转角呈线性关系。

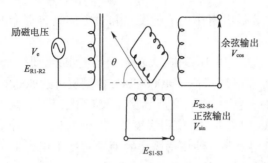

图4-8 旋变传感器

驱动电机系统工作必须满足以下条件：

(1)高压电源输入正常(一般绝缘性能大于20MΩ)。

(2)低压12V电源供电正常(电压范围9~16V)。

(3)与整车控制器通信正常。

(4)电容放电正常。

(5)旋变传感器信号正常。

(6)三相交流输出电路正常,电机及电机控制器温度正常,开盖保持开关信号正常。

(三) 高压控制系统高压布局特征

新能源汽车在大功率的整车电力下运行,对高压配电系统有巨大挑战。从整车空间、整车架构的复杂度及成本考虑,我国自主品牌广泛采用集中式高压电气系统架构配电。即高压电源直接进入高压配电盒后,根据系统的需要分配到高压电气负载,对如何保证整个高压系统及其各个电气设备的安全性、系统绝缘、电磁干扰及屏蔽、密封及耐振动等具有很高的要求。

高压控制系统功能实现有以下几项,采用铸铝外壳和接插件,防护等级达到IP67;具有电流、电压采集功能;对高压连接状态、绝缘状态进行实时监控;对高压安全进行管理,有过流、过压、过温保护功能;对高压配电进行管理,实现对各路输出分别控制;车辆发生碰撞和翻车时,有切断高压功能;具备CAN通信功能,实时交换数据。未来将解决整车集成的技术难题,先进的智能诊断和电能管理;增进电气系统安全性能,增进高压配电系统可靠性。

纯电动汽车高压供电系统由动力蓄电池为电机控制器、驱动电机、电动压缩机、PTC加热器等高压部件提供能量。此外动力蓄电池还有一套直流快充充电系统和一套交流慢充充电系统。这些高压部件都由高压配电系统连接输送电能。目前,新能源汽车高压控制系统有分体式、PDU、PEU三种形式。

1. 分体式

早期新能源汽车采用分体式配电系统居多,如北汽EV150\160

通常纯电动汽车整车共分为5段高压线束,如图4-9所示。

(1)动力蓄电池高压电缆:连接动力蓄电池到高压控制盒之间的线缆。

(2)电机控制器电缆:连接高压控制盒到电机控制器之间的线缆。

(3)快充线束:连接快充口到高压控制盒之间的线束。

(4)慢充线束:连接慢充口到车载充电机之间的线束。

北汽EV160纯电动汽车高压控制盒工作原理

（5）高压附件线束（高压线束总成）：连接高压控制盒到 DC/DC、车载充电机、空调压缩机、空调 PTC 之间的线束。

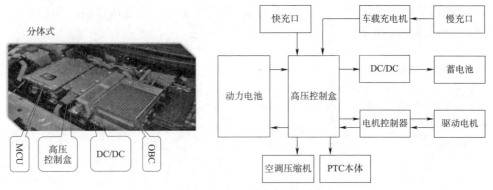

图 4-9　EV160 整车高压电路

2. 高压配电盒（Power Distribution Unit, PDU）式

吉利 EV450 高压配电系统采用 PDU 式，主要包括以下部件组成：车载充电器分线盒、直流充电接口、交流充电接口、直流母线、电机三相线，如图 4-10 所示。所有高压线缆均为橙色，车辆上电时不要触碰这些线缆和部件，高压线缆接插件拔出后，立即用绝缘胶带包裹。车载充电器分线盒的作用类似于低压供电系统中的熔断丝盒，高压接线盒功能包括：高压电能的分配，和高压回路的过载及短路保护，车载充电器分线盒将动力蓄电池总成输送的电能分配给电机控制器、空调压缩机和 PTC 加热器。此外，交流慢充时，充电电流也会经过分线盒流入动力蓄电池为其充电。车载充电器分线盒内对电动压缩机回路、PTC 加热器回路、交流慢充回路各设有一个 40A 的熔断器。当上述回路电流超过 90A 时，熔断器会在 15s 内熔断；当回路电流超过 150A 时，熔断器会在 1s 内熔断，保护相关回路。车载充电器分线盒电器原理图如下：主要功能负责直流 DC（快充）电路的接通；内置有直流+、直流-充电继电器；内置各高压用电器的保险等。直流充电接口能接收直流充电桩的电能，并通过高压线束将电能输送给动力蓄电池总成，为其充电。

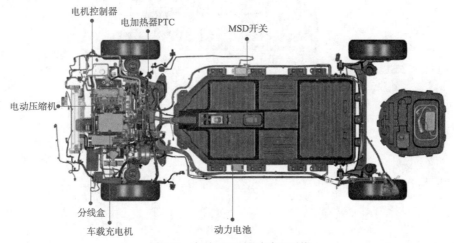

图 4-10　吉利 EV450 整车高压系统

交流充电接口能接收交流充电桩的电能，并通过高压线束将电能输送给车载充电机，车

载充电机将交流电转化成直流电经过直流母线将直流电传递到动力蓄电池,为其充电,能量传递路线如下图:车辆行驶时,电流从动力蓄电池依次经过,直流母线、分线盒、电机控制器高压线、电机控制器、电机三相线到达驱动电机,产生驱动力。能量传递路线如图4-11所示(能量回收时传递路线相反)。

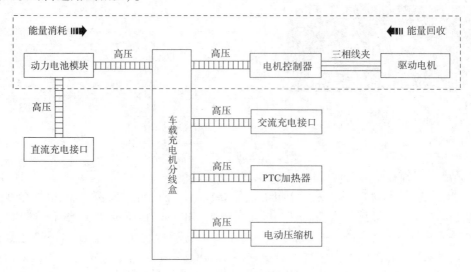

图4-11 能量传递路线

PDU式主要有以下优点:减少高压线束的数量、便于高压线束的布置;将大部分高压母线的接线端子置于PDU内提高了安全性,并提高各系统的可靠性和可维修性;高压线束被集成内部的母排上,同时提高了高压母线的屏蔽效果;将DC/DC直流转化模块、车载充电机、PTC电阻加热控制器、快充继电器集成到PDU内,大大简化了车辆前舱空间。整车7段高压线束分布如图4-12所示。

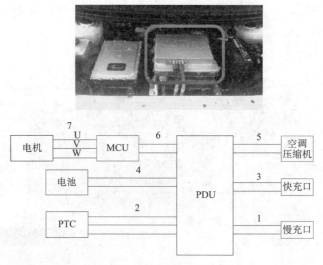

图4-12 PDU式高压控制系统

慢充线束:连接慢充口到PDU之间的线束。
PTC高压线束:连接PDU到空调PTC之间的线束。

快充线束:连接快充口到 PDU 之间的线束。
动力蓄电池高压电缆:连接动力蓄电池到 PDU 之间的线缆。
空调压缩机高压线束:连接 PDU 到空调压缩机之间的线束。
电机高压电缆:连接 PDU 到电机控制器间的线束。
UVW 高压电缆:连接电机控制器与电机的线缆。

特斯拉 Model S 高压系统。目前,特斯拉高压系统已经更新迭代三代,如图 4-13 所示,Model S 第一代采用单电机后驱,高压动力蓄电池连接高压分线盒(High Voltage Junction Box,HVJB),HVJB 连接 DC/DC;HVJB 接充电接口和后驱动电机,DC/DC 集成分线盒,负责其他高压部件供电及 12V 输出。总体来说与国产新能源车品牌类似。第二代高压系统采用双电机或单电机、前后高压配电盒;高压蓄电池连接 HVJB,前高压分线盒(Front Junction Box,FJB)与 HVJB 相连;HVJB 接充电接口和前、后驱动电机,DC/DC 与 FJB 独立。最新的车型采用了第三代高压系统,趋于 PEU 的结构特征。

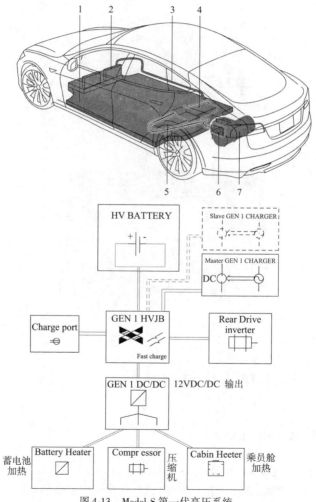

图 4-13 Model S 第一代高压系统

1-电池;2-直流—直流变流器;3-高电压电缆(橙色);4-10kW 车载主充电器;5-选装件:10kW 车载充电器;6-充电接口;7-驱动单元

3. PEU 式

PEU 是将车载充电机模块(慢充)、DC/DC 变换器模块(将动力蓄电池高压电转换为 14V 低压电)、微控制单元(Microcontroller Unit,MCU)驱动电机控制器(负责转矩控制、传感器信号采集处理,辅件驱动和控制等功能)及高压配电模块集成的产品,将原本生产过程中需要多次装配的部件进行集成化设计,提高装配效率和生产效率。MCU 具备换挡控制功能、能量回收控制功能、整车转矩需求控制功能、定速巡航控制功能、防溜坡控制功能、碰撞安全控制功能、制动系统控制功能、整车控制功能、ADAS 功能等。车载充电机同时要满足充电和电源两种模式。在充电工作模式下,车载充电机以电池包给出的数据作为参考,工作在恒流或恒压输出两个阶段。PEU 集成化设计将原本大量的高压线束优化后,在内部母排中集成体现,提高了高压母线的屏蔽效果。另外 PEU 的各个接口是根据整车的需求进行定制化设计,与 PEU 连接的高低压线束较为简易,提高了高压线束的装配便捷性和可靠性,如图 4-14 所示。

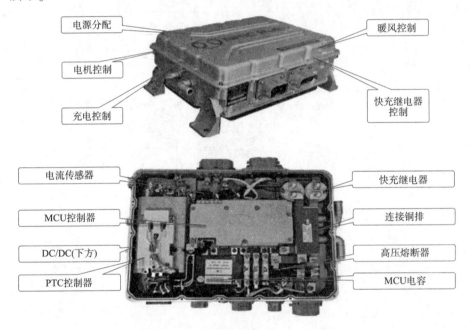

图 4-14 PEU

二、电机控制系统的工作原理

(一) 电机控制器结构功能

包括功率电路、驱动与保护、控制电路三大部分,其中功率电路用于进行能量的变换;驱动与保护电路,用于实现对功率模块的驱动控制与故障保护;控制电路用于实现电机的转矩和转速控制与整车通信等功能。

图 4-15 为吉利 EV450 车型电机控制器的结构。

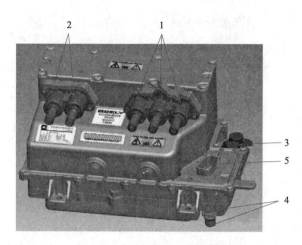

图 4-15 吉利 EV450 电机控制器

序号	名 称	作 用
1	接车载充电机直流母线	连接车载充电机的高压线束,能量回收阶段电机控制器将交流电转换为直流电,为动力电池充电
2	三相动力线束	连接驱动电机的高压线束,能量消耗阶段电机控制器将直流电转换为交流电以驱动电机
3	DC/DC 变换器	将电池的高压电转换成低压电,提供整车低压系统供电
4	低压线束连接器	控制器通信、搭铁线束连接器
5	冷却液循环输入、输出	传递冷却液

特斯拉 Model S 采用交流感应电机如图 4-16 所示特斯拉电机及逆变器是一个整体总成,高压线束没有外露线,目前不能分解维修,如需更换需要返厂。随着特斯拉的国产化,最新车型 Model 3 采用了永磁同步电机。

图 4-16 特斯拉后电机逆变器总成

电机逆变器构成如图 4-17 所示。

比亚迪 E5 动力总成采用的是三合一结构,如图 4-18 所示,19 款比亚迪 E5 电机控制器、驱动电机、主减速器在一起,电机控制高压线束采用内部连接,外部直接提供高压直流电,大大节省线束成本,代表电动汽车动力总成的主流发展方向。三合一动力总成的电机,交流电源线束和旋变传感器线束直接连接到电机控制器,安装在内部,线束保护级别更上一层楼。

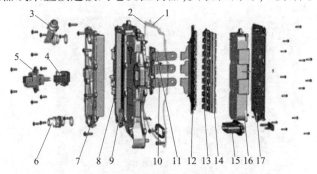

图 4-17 逆变器

1-变速器与逆变器之间的密封垫;2-歧管罩;3-冷却液连接;4-输入直流母排;5-高压连接器;6-冷却液连接;7-歧管罩;8-逆变器外壳;9-电力半导体绝缘体;10-三相输出;11-电流传感器;12-相位输出母排;13-绝缘栅双极型晶体管(IGBT);14-母排;15-逻辑连接器;16-直流链路电容器;17-电机逆变器印刷电路板

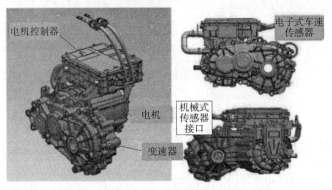

图 4-18 19 款比亚迪 E5 动力总成

(二) 驱动电机控制技术

驱动电机控制技术实际是电力电子变流器技术的应用。是电能的变换与控制技术,包括四大类:当电动车或混合动力汽车车辆处于再生制动工况时将交流电变换为直流电为动力蓄电池充电,称为整流技术(AC-DC);将动力蓄电池的高压电转换成低压电源12V,为低压电路系统提供工作电源和为辅助蓄电池充电;一种直流电变换为另一种直流电称为直流斩波(DC Chopper)或者直流—直流变换(DC-DC Convert);车辆正常行驶时动力蓄电池高压直流电转换成可供驱动电机工作的高压交流电,即直流电变换为交流电称为逆变,将一种交流电变换为另一种交流电称为交—交变流技术。

用于新能源汽车中的动力电力电子装置主要由大功率 DC/AC 逆变器构成,在燃料电池电动汽车中通常还有大功率 DC/DC 变换器,在深度混合动力汽车中也常常采用大功率双向 DC/DC 变换器。此外,在各种电动汽车中还有小功率的 DC/DC 变换器,用于进行低压蓄电池的充电;或者采用中小功率 AC/DC 对动力高压蓄电池进行充电;而交—交变流技术在电动汽车应用领域相对较少。以下重点介绍前三类变流技术。

1. 逆变电路控制(DC-AC)

将直流电转换为交流电,向驱动电机提供工作电源,逆变电路输出的频率和电压的大小,取决于负载的实际需要,可以是定压定频的负载,也可以是调压调频的负载。逆变器是将直流转换为交流的装置,反之亦然。通过组合4个开关(S1至S4),可将电流从直流转换为交流。如图4-19a)所示,开关S1和S4均接通时,正电压施加至负载(Vo)。如图4-19b)所示,开关S2和S3均接通时,负电压施加至负载(Vo)。如图4-20所示,通过在S1和S4以及S2和S3之间交替接通,可将交流电压施加至负载(Vo)。通过相应改变开关的ON/OFF时间,可将频率切换至所需频率。这种能调压调频的逆变器通常称为变频器。需要持续改变电压以产生正弦波。

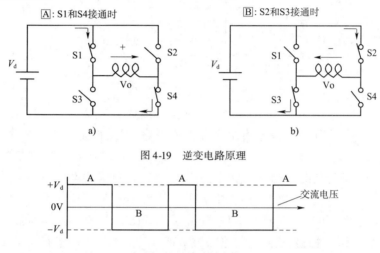

图4-19 逆变电路原理

图4-20 直流转交流

如图4-21所示,检测到所需输出电压(V_i)持续极短的一段时间(T_s)。通过控制"Ton"(Ton,开关ON时间)时间,"$V_i \cdot T_s$"的面积和"$V_d \cdot T_{on}$"(电源电压×开关ON时间)的面积相同,且有效电压变为V_i。通过此方式控制开关的ON-OFF时间,使产生的电压持续改变,从而产生正弦交流电压。控制脉冲宽度以改变被称为PWM(脉宽调制)的输出电压。

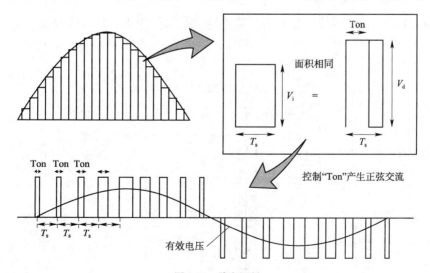

图4-21 脉宽调制

如果把三相负载Z_A、Z_B、Z_C看成电机的三个绕组,如图4-22所示,那么三相桥式逆变电路犹如三相桥式可控整流电路与三相桥式二极管整流电路的反并联,其中可控电路用来实现直流到交流的逆变,不可控电路为感性负载电流提供续流回路,完成无功能量的续流或反馈,因此与IGBT并联的六个二极管$VD_1 \sim VD_6$称为续流二极管或反馈二极管。这种三相桥式逆变电路在电机控制系统的变频调速系统中得到普遍应用。

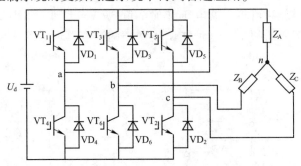

图4-22 逆变电路驱动电机

三相桥式逆变电路其管子的导通次序和整流电路一样,也是VT_1、VT_2、VT_3,…,各管的触发信号依次互差60°。根据各管导通时间的长短,分为180°导通型和120°导通型两种。对瞬时完成换流的理想情况,180°导通型的逆变电路在任意瞬间都有三只管子导通,每个开关周期内各管导通的角度为180°。同相中上下两桥臂中的两只管子称为互补管,它们轮流导通,如A相中的VT_1和VT_4各导通180°,但相位也差180°,不会引起电源经VT_1和VT_4的贯穿短路。所以180°型三相桥式逆变电路每隔60°,各管的导通情况依次是VT_1、VT_2、VT_3,VT_2、VT_3、VT_4,VT_3、VT_4、VT_5,…,VT_5、VT_6、VT_1,如此反复。120°导通型逆变电路中各管导通120°,任意瞬间只有不同相的两只管子导通,同一桥臂中的两只管子不是瞬时互补导通,而是有60°的间隙时间。所以逆变器的各管每隔60°,依次按VT_1、VT_2、VT_2、VT_3、VT_3、VT_4,…,VT_6、VT_1次序导通。当某相中没有逆变管导通时,该相的感性电流经该相中的二极管导通。

如图4-23所示为丰田普锐斯的逆变器电路,用于驱动电机MG1和MG2的逆变器使用。此电路由2个三相桥式电路(各包含6个IGBT)组成将直流转换为三相交流电。

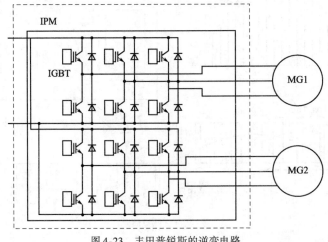

图4-23 丰田普锐斯的逆变电路

IPM(智能电源模块)将 IGBT、操作 IGBT 的电路以及电压、电流和温度的保护和自诊断功能结合在一个电源模块中。如图 4-24 所示,根据转子的位置接通 IGBT。根据转子的位置产生 3 相交流电以产生相应的磁场来转动转子。从而提高了可靠性并使电源电路更为紧凑。IGBT(绝缘栅双极晶体管)是一种快速切换大电流的半导体,也是控制混合动力汽车(需要较大输出功率)电动机的最佳半导体。

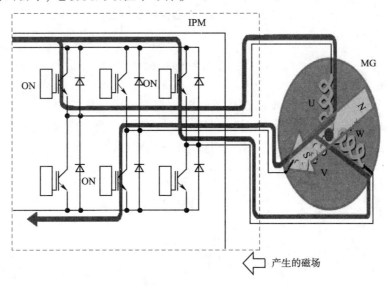

图 4-24 产生磁场驱动

2. 再生制动电路控制(AC-DC)

制动系统是汽车上保证汽车安全性的最主要的装置,在传统的汽车上,制动系统可分为行车制动系统和驻车制动系统以及发动机制动。传统汽车在制动过程中,主要是依靠制动器与制动鼓之间的摩擦力达到制动的效果,制动能量则转变为热能或内能,最后消散在空气中,也导致了这部分能量无法进行回收。电动汽车在滑行或下坡时,利用汽车的惯性力,来带动电动机从驱动状态转换为电动机制动状态或转换为发电状态,将汽车滑行或下坡时的动能或者位能,在转换为电能的同时对汽车起电制动作用(相当于发动机制动),其中有一部分能量是可以回收的。这是传统发动机汽车所不能实现的。电动汽车的重要节能措施之一即为能量的可回收。但电动汽车在紧急制动时,仍然需要采用 ABS 等机械式制动系统,以确保电动汽车行驶的安全性。因此,在电动汽车上,可使用再生制动系统和传统制动系统相结合的方式,即混合制动系统。当电动汽车在滑行或下坡时,驱动轮通过传动系统带动电动机旋转,只是在驾驶人控制制动踏板(或控制器),将制动信号传递到电动机的 ECU,控制电动机从驱动状态转换为电制动状态时,电动机开始产生制动阻力。当电动机的转速达到发动机状态的(同步)转速时,电动机转换为发电机,并将发出的电能充入动力蓄电池组。驾驶人在电动汽车紧急制动时,还必须通过 ABS 制动系统的 ECU,将高压制动液输送到前后轮的机械式制动器中,实现紧急制动。电动机由于其本身携带负载具有的惯性作用,当电源被切断之后,会在旋转一段时间之后才停止,而不会即刻停止转动。所以,目前的一个热点就是研究开发如何充分利用电动机制动过程中的剩余能量。

图 4-25 为电动汽车的再生制动发电系统的组成。电动汽车安装此能量回收系统,能够

有效发挥电动汽车的特点,回收车轮制动、下坡滑行、高速运行及减速运行等状态下的部分能量,将其转化为电能并给蓄电池充电,充分地使用能源,从而提高电动汽车的续航里程。

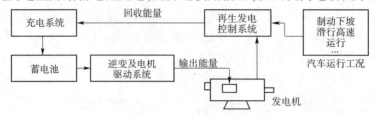

图4-25 电动汽车再生制动发电系统的组成

(1) 再生制动的基本原理。

通常情况下,蓄电池电压都比制动能量回馈过程中开始工作的比较特殊的发电系统发电电压高,所以通过特殊的控制系统,将该回馈系统产生的电能给蓄电池充电,从而让电机在再生制动模式下工作。制动能量回馈再生制动原理如图4-26所示。

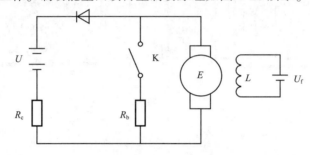

图4-26 再生制动原理图

图中 R_c 为电阻,R_b 为制动限流电阻,U 为蓄电池的电压,E 为电动机的感应电势,L 为电机电枢的电感。工作时,将电动机电柜驱动电流断开,电枢两端接入一个开关电路。由于电机为感性器件,感应电势 E 与感应电流 t 随时间 i 的变化率 di/dt 有如下关系:

$$E = -L di/dt \tag{4-1}$$

当闭合开关时,工作回路由电机感应电势引起的感应电流经开关 K 构成,此时的制动电流为感应电流 i_1,其大小为

$$i_1 = -E/(R_c + R_b) \tag{4-2}$$

当断开开关 K 时,di/dt 的绝对值快速增大,使得感应电势 E 快速上升,直至 $E > U$ 时,能量反馈实现。设 R_d 是电流回馈电路中的等效电阻,制动电流 i_2 是回馈电流,即

$$i_2 = (E - U)/(R_c + R_d) \tag{4-3}$$

因此,实现了通过向蓄电池充电的方式将电机再生制动的电能储存起来的目的。

如图4-27所示,通过发动机或车轮使转子(永久磁铁)旋转时,通过电磁感应在定子线圈(U、V 和 W 相)内产生3相交流电。将产生的交流电压(流经 IPM 二极管)进行整流(转换为直流),然后对 HV 蓄电池充电。

控制电路零转矩控制时(未操作电动机且未进行再生制动的情况下)图4-28根据行驶状态,电动机转矩可能减至零。例如,由于车辆使用前轮驱动,因此在水平路面上平稳行驶时,E-four 系统的 MGR 既不驱动车轮也不发电。然而,MGR 仍旋转。由于 MGR 旋转而产生电压,从而使电流开始流动。为使 MGR 产生的电压偏置,IGBT 切换至 ON 以产生电压,从而

防止电流流动。V_1 来自 HV 电池,电脑控制算出多大的电压,V_2 再生发电。

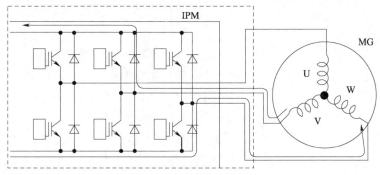

图 4-27　再生制动 AC-DC

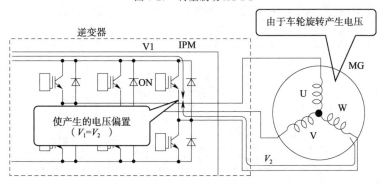

图 4-28　零转矩控制

（2）升降压斩波电路。

升降压斩波电路又称升降压斩波器（Buck-boost Chopper），是一种既可以升压,又可以降压的变换器,其原理如图 4-29 所示。电路中电感 L 值很大,电容 C 值也很大,使电感电流 i_L 和电容电压即负载电压 U_0 基本为恒定。

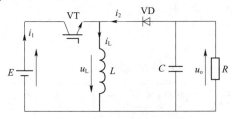

图 4-29　电路图

升降压斩波电路的基本工作原理是：当可控开关 VT 处于导通状态时,电源经 VT 向电感 L 供电使其储存能量,此时电流为 i_1,方向如图 4-29 所示。同时,电容 C 维持输出电压基本恒定并向负载 R 供电。此后,使 VT 关断,电感 L 中储存的能量向负载释放,电流为 i_2,方向如图 4-30 所示。可见,负载电压极性为上负下正,与电源电压极性相反,与前面的降压斩波电路和升压斩波电路的情况正好相反,因此该电路也称为反极性斩波电路。

稳态时,一个周期 T 内电感 L 两端电压 u_L 对时间积分为零,$1/2 < a < 1$。

由于 $a > 1/2$,出现了 VT_1 与 VT_2 同时导通的重叠现象。同理,电流脉动频率也变小,各电流工作波形如图 4-30 所示。

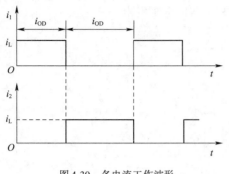

图 4-30 各电流工作波形

采用多相多重斩波的优点有:
①电流脉动频率下降,有利于牵引电机的运行。
②平波电抗器体积、质量会显著下降。
③有利于输入滤波器的设计。

丰田普锐斯驱动电机 MG1 和 MG2 的工作情况如图 4-31 所示,增压转换器将直流电压 201.6V 的 HV 蓄电池公称电压最高升至直流电压 650V。转换器也可将 MG1 和 MG2 产生的电压从直流电压 650V(最高电压)降至直流电压 201.6V 以对 HV 蓄电池充电。由于"电功率 = 电压 × 电流",因此可使用高电压提高功率输出以驱动车辆。同时,为使功率相同,可使用较高的电压和较小的电流。从而,减少电路以热能的形式损失能量并使逆变器更为紧凑。

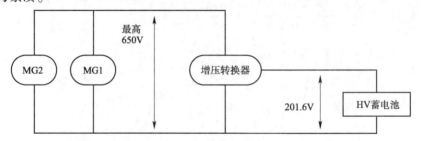

图 4-31 带增压转换器的电机控制器

3. 直流电源转换电路控制(DC-DC)

图 4-32 所示车辆的电气零部件(如前照灯和音响系统)和各 ECU 使用直流电压 12V 作为其电源。在常规车辆中,交流发电机(使用发动机电源)用于为 12V 蓄电池充电并为电气零部件供电。然而,在混合动力汽车中,发动机间歇操作期间发动机定期停止。因此,混合动力汽车不使用交流发电机。DC/DC 转换器降低混合动力蓄电池的电压并为 12V 系统供电。

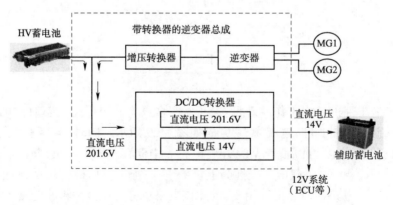

图 4-32 电气系统

DC/DC 转换器将 HV 蓄电池的电压从直流电压 201.6V 转换为直流电压 14V。与常规车辆不同,发动机转速与输出电流和输出电压无关。

在晶体管桥接电路中将高压（201.6V）暂时转换为交流并通过变压器降至低压。然后，将交流转换为直流，并稳定地输出至直流电压 12V 系统，如图 4-33 所示。

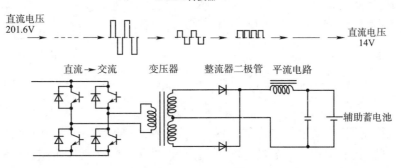

图 4-33 DC-DC 系统

根据接收自动力管理控制 ECU（HV CPU）的信号，MG ECU 控制逆变器和增压转换器以驱动 MG1 和 MG2，或使其发电。

MG ECU 将车辆控制所需的信息 [如逆变器输出安培值、逆变器电压、逆变器温度、MG1 和 MG2 转速（解析器输出）、大气压力] 以及任何故障信息传输至动力管理控制 ECU（HV CPU）。

MG ECU 从动力管理控制 ECU（HV CPU）接收控制 MG1 和 MG2 所需的信息（如所需原动力、MG1 和 MG2 的温度以及目标升高电压），如图 4-34 所示。

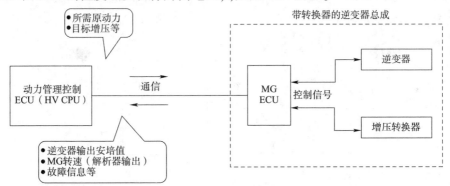

图 4-34 动力系统管理

4. 电机控制器的工作原理

在驱动电机系统中，驱动电机的输出动作主要是靠控制单元给定命令执行，即控制器输出命令。控制器主要是将输入的直流电逆变成电压、频率可调的三相交流电（直流电机是直流电），供给配套的驱动电机使用。驱动电机控制器将动力蓄电池提供的直流电，转化为交流电，然后输出给电机；通过电机的正转来实现整车加速、减速；通过电机的反转来实现倒车；通过有效的控制策略，控制动力总成以最佳方式协调工作，如图 4-35 所示。

电机控制器原理

前置前驱汽车一般电机控制器安装在前机舱内，采用 CAN 通讯控制，控制着动力蓄电池组到电机之间能量的传输，同时采集电机位置信号和三相电流检测信号，精确地控制驱动电机运行。

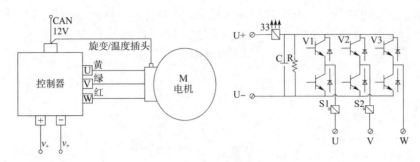

图 4-35　电机控制原理图

驱动电机控制器，主要依靠电流传感器、电压传感器、温度传感器、旋转变压器来进行电机运行状态的监测，根据相应参数进行电压、电流的调整控制以及其他控制功能的完成。电流传感器用于检测电机工作实际电流，包括母线电流、三相交流电流。电压传感器用于检测供给电机控制器工作的实际电压，包括动力蓄电池电压、12V 蓄电池电压。温度传感器用于检测电机控制系统的工作温度，包括 IGBT 模块的温度。驱动电机控制器上分为低压接口和高压接口。驱动电机控制器集成 DC/DC 转换功能将直流高压电变为低压电给蓄电池充电。

当车辆处于能量消耗阶段，电机控制器将动力蓄电池中的直流电转换为交流电以驱动电机。当车辆制动或滑行阶段，电机作为发电机应用。它可以完成由车轮旋转的动能到电能的转换，给蓄电池充电。电机控制器还可以将动力蓄电池的高压电通过 DC/DC 变换器转化为低压电，为整车低压系统供电。帝豪 EV450 能量传递路线如图 4-36 所示。

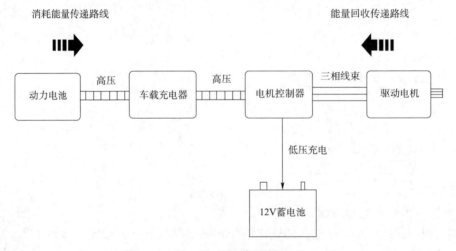

图 4-36　能量传递路线

如图 4-37 所示，电机控制系统电路由电源、搭铁、数据电路组成。线束连接器 CA01a 前机舱线束接仪表线束连接器、CA58 前机舱线束接动力线束连接器、BV01 动力线束接前机舱线束连接器、BV10 充电机控制器线束连接器、BV11 电机控制器线束连接器、BV13 电机线束连接器 25、BV28 接电机控制器线束连接器 2、BV29 接 OBC 分线盒线束连接器 2、BV34 DC 输出—线束连接器、IP02a 仪表线束接前机舱线束连接器 1。电机控制系统连接点为 BV11-27 至诊断接口 IP19-2、BV11-28 至诊断接口 IP19-1、BV11-1 至 VCU CA67-76、BV11-14 至 VCU CA66-16。

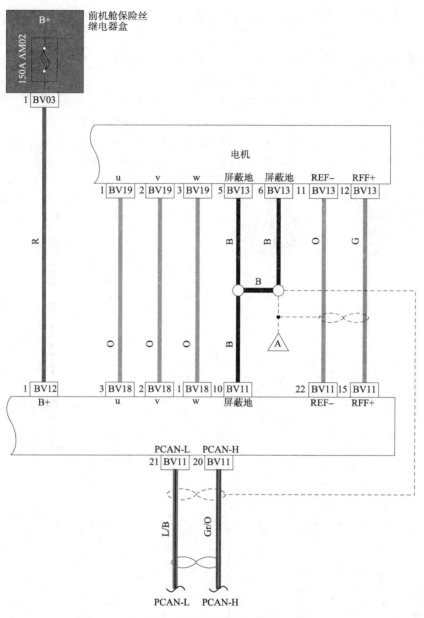

图4-37 电机控制系统电路

如图4-38所示,控制电路线束连接器由BV03接前机舱熔断丝、继电器盒(接线片1)、BV11电机控制器线束连接器、BV12DC输出+线束连接器、BV13电机线束连接器、BV18接电机控制器线束连接器1、BV19接驱动电机线束连接器、构成。控制连接点由BV11-21至PCAN-L、BV11-20至PCAN-H、A至电机信号屏蔽网组成。

5. 电机控制器工作模式

(1) 转矩控制模式。电机控制系统控制电机轴向四象限的转矩。由于没有转矩传感器,转矩指令(由整车控制器发送)被转换成为电流指令,并进行闭环控制。转矩控制模式只有在获得正确的初始偏移角度时才能进行。

(2)静态模式。静态模式在电机控制器(PEU)处于被动状态(待机状态)或故障状态时被激活。

(3)主动放电模式。主动放电用于高压直流端电容的快速放电。主动放电指令来自整车控制器的指令或由电机控制器(PEU)内部故障触发。

(4)DC/DC 直流转换。电机控制器(PEU)中的 DC/DC 转换器将高压直流端的高压转换成指定的直流低压(12V 低压系统),低压设定值来自整车控制器指令。

(5)系统诊断功能。当故障发生时,软件根据故障级别使 PEU 进入安全状态或限制状态。安全状态包括主动短路或 Freewheel 模式,限制状态包括四个级别的功率/转矩输出限制。

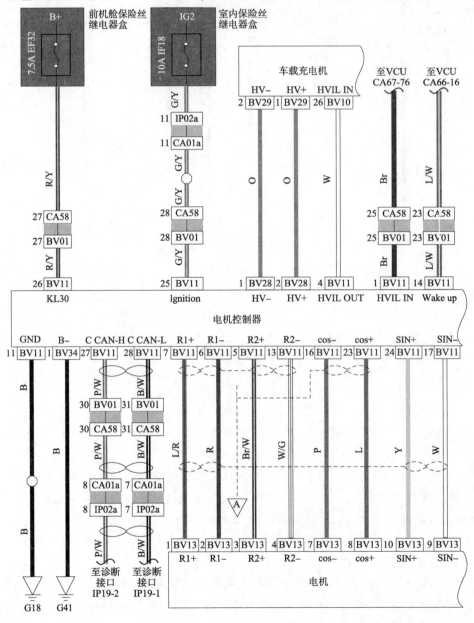

图 4-38 电机控制电路

特斯拉电机逆变器将来自动力蓄电池包的直流(DC)转换成定子的三个交流(AC)相。电流波形为彼此120°异相,在定子中产生转动的磁场。这种定子磁场在转子中产生感应电流。转子感应电流产生另一个与定子磁场相对的磁场,从而产生转子转矩。电机速度取决于电机逆变器提供的交流频率。电机转矩取决于交流的幅度。

电机逆变器将来自换挡杆、加速踏板和制动踏板的驾驶人指令转换为提供给电机的交流电,以产生移动车辆的正确速度、转矩和旋转方向。电机逆变器是一个双向系统,将蓄电池电流转换为电机电流,电流以任意方向流动并以任意方向输出转矩。能量回收制动通过使用电机逆变器产生负转矩以及从电机流向蓄电池的相应电流来实现。只有在稳定控制系统和ABS系统激活时,才可以使用能量回收制动。牵引力控制在Model 3的稳定控制系统中实施,转矩限制命令在牵引力减小时发送给电机逆变器。

电机逆变器PCBA具有双核数字信号处理器(DSP)。主核控制电机,监测驱动单元系统的运行状况,并处理驾驶人请求。称为"踏板监控器"的第二个核是一个安全处理器,当电机电流、速度或加速跨踏板状况表明主处理器工作不正常时,该处理器可以停止转矩生成。可通过CAN接口对两个核进行编程,二者通过共享内存相互通信。带电可擦除可编程只读存储器(EEPROM)存储PCBA、逆变器以及驱动单元的零件号和序列号,以备系谱跟踪之用。栅极驱动电路将主DSP核生成的切换信号转换为可以驱动电力半导体的信号。电力半导体使用这些信号和高压蓄电池的电力在三个定子相位中生成相应的电流。

电机逆变器监测电机和电力电子元件的温度。它把对电机、变速器和逆变器电子元件的冷却请求发送给温度控制器。电机逆变器不对冷却液流量或风扇速度进行直接控制,温度控制器设法让系统达到针对里程和效率优化的目标。如果超过热量限制,电机逆变器将限制电机转矩,直至温度回落到标称工作范围内。

前电机逆变器受主控后电机逆变器控制。后电机逆变器计算前部和后部所需的后驱动单元转矩,连同巡航控制、牵引力控制和转矩分配,随后作为输出转矩请求发送给副电机逆变器。副电机逆变器没有加速或制动踏板输入,因此依靠合用CAN总线信号检查主电机逆变器是否出错,从而避免错误运行。

Model 3电机逆变器有24个电力半导体设备(Tpak)。母排将这些设备连接到蓄电池正极、蓄电池负极和三个相位。电机逆变器包含6个开关,每个开关由4个并联的半导体设备构建而成。高压侧开关位于蓄电池正极和相位输出端之间,低压侧开关则位于相位输出端与蓄电池负极之间。逆变器的每个相位都有一个高压侧开关和一个低压侧开关。当需要形成流经定子的电流时,逆变器通过激活和停用六个开关生成三相交流电。

国产特斯拉电机逆变器包含五个温度传感器,其中两个位于相位之间的散热器上,另外三个分别位于最靠近逻辑连接器的液体端口附近的散热器上,DSP附近的电机逆变器印刷电路板总成的前部,以及主动放电电阻器后面的电机逆变器印刷电路板总成的背面。其他温度(例如直流链路电容器和相位输出母排)由DSP的主核实时计算。如果逆变器检测到上述任何温度超过其预期值(如出现冷却液流缺失的情况),便会将输出功率限制到安全水平。

三、电机控制系统的控制策略

(一) 高压上下电控制

1. 北汽新能源

EV200 纯电动汽车驱动电机控制电源的策略，MCU 在整车动力系统通电和断电的过程中执行元件的动作指令、需要实现的控制逻辑功能、允许及禁止的诊断等。

驱动电机系统上电流程如图 4-39 所示。

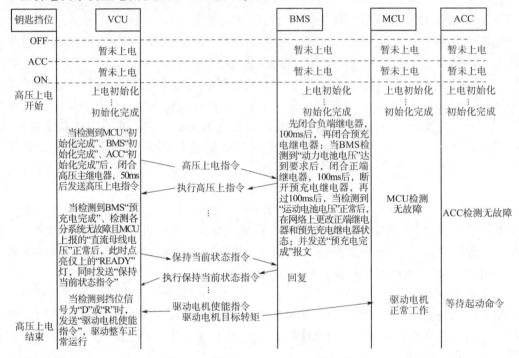

图 4-39 上电流程图

驱动电机系统下电流程如图 4-40 所示。

2. 吉利新能源

(1) 吉利 EV300 上电流程如图 4-41 所示。

(2) 吉利 EV300 上下电功能框图如图 4-42 所示。

(3) 车辆上电条件如图 4-43 所示。

(4) 车辆退电流程如图 4-44 所示。

(二) 电机系统驱动模式

整车控制器根据车辆运行的不同情况，包括车速、挡位、蓄电池 SOC(State of Charge)值来决定电机输出转矩/功率。

当电机控制器从整车控制器处得到转矩输出命令时，将动力蓄电池提供的直流电，转化成三相正弦交流电，驱动电机输出转矩，通过机械传输来驱动车辆，如图 4-45 所示。

新能源汽车驱动电机控制系统结构原理与故障检修 模块四

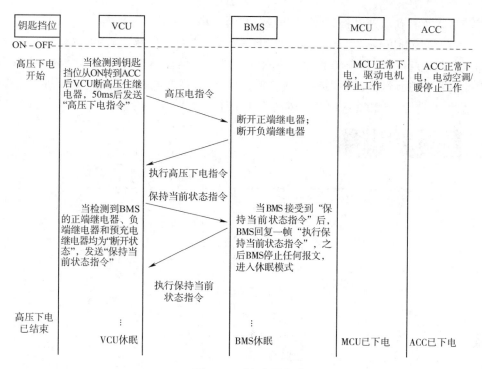

图 4-40 下电流程图

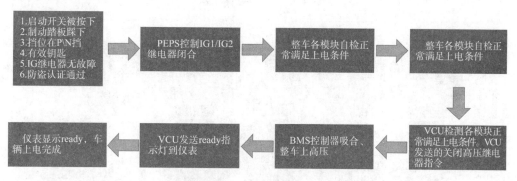

图 4-41 EV300 上电流程

1.电机系统运行模式

当电机控制器从整车控制器处得到转矩输出命令时,将动力电池提供的直流电能,转化成交流电能,以使电机输出转矩。此时电机输出转矩驱动车辆。

当车辆在溜车或制动的时候,电机控制器从整车控制器得到发电命令后,电机控制器将电机处于发电状态。此时电机会将汽车动能转化成交流电能。然后,交流电能通过电机控制器转化为直流电,存储到蓄电池中。

2.温度保护控制策略

(1)电机温度保护。当控制器监测到驱动电机温度传感器显示:120℃≤温度<140℃时,降功率运行;温度≥140℃时,降功率至0,即停机。

(2)控制器温度保护。当控制器监测到散热基板温度为:温度≥85℃时,超温保护,即停机。当控制器监测到散热基板温度为75~85℃时,降功运行。

(3)冷却系统温度保护。当控制器监测到驱动电机温度传感器显示:45℃≤温度<50℃时冷却风扇低速起动;温度≥50℃时,冷却风扇高速起动;温度降至40℃时冷却风扇停止工作。当控制器监测到散热基板温度≥75℃时,冷却风扇低速起动。温度>80℃时,冷却风扇高速起动;温度降至75℃以下时冷却风扇停止工作。

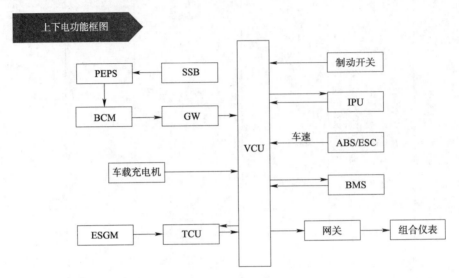

图4-42 上下电功能框图

图4-43 车辆上电条件

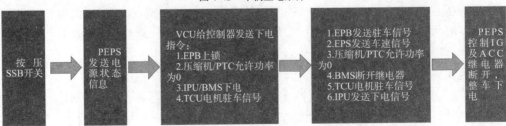

图4-44 车辆退电流程

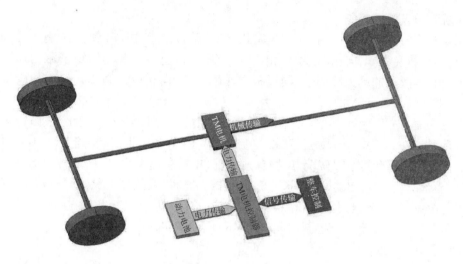

图 4-45　驱动电机系统驱动模式图

(三) 整车控制方案

整车控制方案采用分层控制方式,整车控制器作为第一层,其他各控制器为第二层,各控制器之间通过 CAN 网络进行信息交互,共同实现整车的功能控制。例如,电机故障——电机系统通过 CAN 报送的故障信息。整车转矩控制包括工况判断—需求转矩—转矩限制—转矩输出四部分。

1. 驾驶人意图解析

主要是对驾驶人操作信息及控制命令进行分析处理,也就是将驾驶人的加速信号和制动信号根据某种规则,转化成电机的需求转矩命令。因而驱动电机对驾驶人操作的响应性能完全取决于整车控制的节气门解释结果,直接影响驾驶人的控制效果和操作感觉。

工况判断—反映驾驶人的驾驶意图。通过整车状态信息(加速/制动踏板位置、当前车速和整车是否有故障信息等)来判断出当前需要的整车驾驶需求(如起步、加速、减速、匀速行驶、跛行、限车速、紧急断高压),如图 4-46 所示。

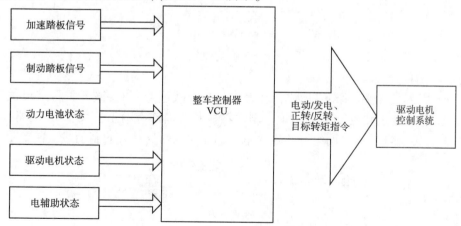

图 4-46　工况判断—反映驾驶人的驾驶意图

2. 工况划分及驱动控制

根据驾驶人对车辆的操纵输入(加速踏板、制动踏板以及选挡开关)、车辆状态、道路及环境状况,经分析和处理,向MCU发出相应的指令,控制电机的驱动转矩来驱动车辆,以满足驾驶人对车辆驱动的动力性要求;同时根据车辆状态,向相应控制单元发出相应指令,保证安全性、舒适性。

工况分为紧急故障工况、怠速工况、加速工况、能量回收工况、零转矩工况、跛行工况,各工况间互斥且唯一。其中,车辆运行工况,包含正常工况(P挡工况、N挡工况、D挡工况、R挡工况、E挡工况、零转矩过渡工况、D挡怠速工况、R挡怠速工况、D挡滑行回馈、D挡制动回馈、E挡滑行回馈、E挡制动回馈、巡航工况、S挡工况)以及故障工况(D挡跛行工况、R挡跛行工况、立即断高压工况、延时断高压工况、N挡跛行工况、零转矩故障工况),最终确定好的车辆运行工况会输出至转矩控制功能模块,不直接对外部结构进行操控。

(1) 加速踏板位置传感器

作为系统的安全性保障之一,加速踏板位置传感器设计成双输出传感器。两个传感器的输出电压信号都随加速踏板的位置增加而增加。图4-47所示为加速踏板参数及位置曲线。

项 目	参 数
电源电压	5±0.5V
负载电阻	>300kΩ
操作力	5~44N
踏板臂角度	≤18°

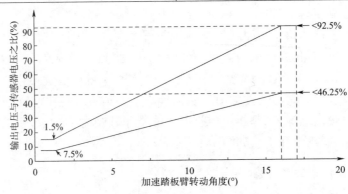

图4-47 加速踏位置曲线

(2) 制动踏板开关

图4-48所示当驾驶人踩下制动踏板,表现制动或减速意图时,该开关将踏板位置信号转换成电压信号,通过硬线传递给VCU。制动踏板开关内部有两组开关,一组为常闭开关,一组为常开开关。VCU通过两组开关输出电压的变化判断驾驶人的制动或减速意图。

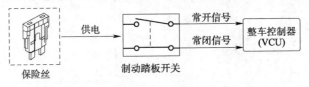

图4-48 制动控制

3. 驱动转矩功能控制逻辑介绍

驱动转矩是驾驶人通过加速踏板实现车辆怠速、加速、匀速行驶的一种功能,该功能计算的转矩大小、变化快慢等因素直接影响用户的驾驶体验。其输入信号为加速踏板信号、制动信号挡位信号、电机转速信号等,输出信号为目标驱动转矩。

如图 4-49 和图 4-50 所示,当驾驶人将挡位置于 D/S/R 挡,并踩下加速踏板时,车辆进入驱动工况,根据加速踏板信号和电机转速信号实时计算驱动转矩,并发送至电机控制器。其中,D 挡经济性较好,S 挡动力性较强。

如图 4-51 所示,停车状态下,驾驶人踩下制动踏板,将挡位置于 N 挡,即根据驾驶习惯在中控屏上设置蠕行开启状态(P 挡时也可设置)。

如图 4-52 所示,当仪表显示 Ready,且 D/S/R 挡信息正常显示(即无挂挡失败的鸣叫音),车辆可行驶。

驱动转矩控制算法可根据最高车速能力、蓄电池最大放电功率、电机最大驱动转矩、车辆故障等因素限制驾驶人需求转矩,保证车辆安全。

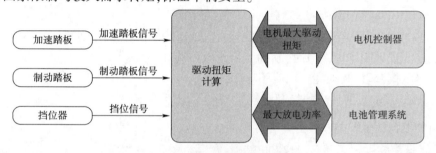

图 4-49 总体控制原理

图 4-50 挡位器

图 4-51 中控屏怠速开关

图 4-52 Ready 信息

4. 制动能量回馈控制

(1)北汽新能源汽车。

高压驱动集成单元根据加速踏板和制动踏板的开度、车辆行驶状态信息以及动力蓄电池的状态信息(如 SOC 值)来判断某一时刻能否进行制动能量回馈,在满足安全性能、制动性能以及驾驶人舒适性的前提下,回收部分能量。包括滑行制动和踏板制动过程中的电机制动转矩控制。

根据加速踏板和制动踏板信号,制动能量回收可以分为两个阶段,简单的划分条件是:

①阶段一是在车辆行驶过程中驾驶人松开加速踏板但没有踩下制动踏板开始。

②阶段二是在驾驶人踩下了制动踏板后开始。

(2) Model S 能量回收制动。

如图 4-53 所示,当 Model S 在行驶中且驾驶人脚离开了加速踏板,能量回收制动会降低 Model S 速度并反馈全部剩余能量给蓄电池。如果能够预测到将要停车,并通过松开加速踏板来降低车速,此时可以利用能量回收制动增加行驶里程。当然,这种减速不能替代因安全所需的制动。

如在陡坡上行驶时,制动灯会亮起以提醒其他道路使用者车辆在减速。仪表板上的功率表实时反馈显示通过能量回收制动获得的能量。

通过能量回收制动反馈回蓄电池的能量大小可能取决于蓄电池的当前状态和用户所使用的充电量设置。如果能量回

图 4-53 Model S 仪表

收制动受到限制,在功率表上会显示一条虚的黄线。例如,蓄电池已充满电或环境温度较低时,能量回收制动可能受限。

(3) 制动能量回馈的原则。

能量回收制动不应该干预 ABS 的工作。当发生下列情况,禁止能量回收。

① 当 ABS 进行制动力调节时,制动能量回收不应该工作。

② 当 ABS 报警时,制动能量回收不应该工作。

③ 当电驱动系统具有故障时,制动能量回收不应该工作。

(四) 整车控制策略

1. 整车能量优化管理

通过对电动汽车的电机驱动系统、蓄电池管理系统、传动系统以及其他车载能源动力系统(如空调、电动泵等)的协调和管理,提高整车能量利用效率,延长续航里程。

2. 充电过程控制

与蓄电池管理系统共同进行充电过程中的充电功率控制,PEU 接收到充电信号后,应该禁止高压系统上电,保证车辆在充电状态下处于行驶锁止状态,并根据蓄电池状态信息限制充电功率,保护蓄电池。

3. 高压上下电控制

根据驾驶人对行车钥匙开关的控制,进行动力蓄电池的高压接触器开关控制,以完成高压设备的电源通断和预充电控制。上下电流程处理:协调各相关部件的上电与下电流程,包括电机控制器、蓄电池管理系统等部件的供电,预充电继电器、主继电器的吸合和断开时间等。

4. 防溜车功能控制

纯电动汽车在坡上起步时,驾驶人从松开制动踏板到踩加速踏板过程中,会出现整车向后溜车的现象。在坡上行驶过程中,如果驾驶人踩加速踏板的深度不够,整车会出现车速逐渐降到 0 然后向后溜车现象。为了防止纯电动车在坡上起步和运行时向后溜车现象,在整车控制策略中增加了防溜车功能。防溜车功能可以保证整车在坡上起步时,向后溜车小于 10cm;在整车坡上运行过程中如果动力不足时,整车车速会慢慢降到 0,然后保持 0 车速,不再向后溜车。

5. 车辆状态的实时监测和显示

PEU 应该对车辆的状态进行实时检测,并且将各个子系统的信息发送给车载信息显

系统,其过程是通过传感器和 CAN 总线,检测车辆状态及其动力系统的相关电器附件、相关子系统状态信息,将状态信息和故障诊断信息通过仪表显示出来。

6. 故障诊断与处理

连续监视整车电控系统,进行故障诊断,并及时进行相应安全保护处理。根据传感器的输入及其他通过 CAN 总线通信得到的电机、蓄电池、充电机等的信息,对各种故障进行判断、等级分类、报警显示;存储故障码,进行故障诊断,并及时进行相应安全保护处理。

7. 换挡控制

挡位管理关系驾驶人的驾驶安全,正确理解驾驶人意图,以及识别车辆合理的挡位,在基于模型开发的挡位管理模块中得到很好的优化。能在出现故障时作出相应处理保证整车安全,在驾驶人出现挡位误操作时通过仪表等提示驾驶人,使驾驶人能迅速做出纠正。

8. 行车控制分级

(1) 正常模式。按照驾驶人意愿、车辆载荷、路面情况和气候环境的变化,进行调节车辆的动力性、经济性和舒适性。

(2) 跛行模式。当车辆某个系统出现中度故障时,此时将不采纳驾驶人的加速请求;启动跛行模式,最高车速 9km/h。

(3) 停机保护模式。当车辆某个系统出现严重故障时,控制器将停止发出指令;进入停机状态。

四、混合动力电机系统控制策略

混合动力控制

图 4-54 所示电机控制单元(MG ECU)根据一号驱动电机(MG1)和二号驱动 系统的组成电机(MG2)的操作指令值将逆变器工作信号(PWM)输出至逆变器。动力管理控制 ECU(HV CPU)根据 MG1 和 MG2 的操作指令值将逆变器工作信号(PWM)输出至逆变器。根据指令,动力管理控制 ECU(HV CPU)通过安装在逆变器内的交流电流传感器检测是否产生三相交流电并确认检测结果。

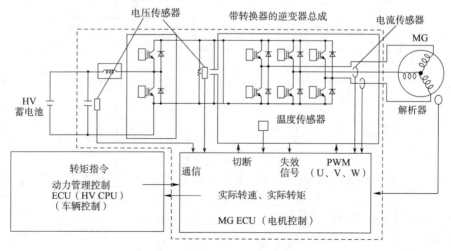

图 4-54 电机控制器工作示意图

1. 逆变器工作信号

如图4-55所示动力管理控制ECU(HV CPU)根据车辆工作条件切换逆变器控制模式以有效控制MG1和MG2。此处具有3种控制模式，可通过智能检测仪的ECU数据表功能对模式进行检查。调制系数是直流电转化为交流电时的电压变化率。

控制模式	正弦波形PWM	可变PWM	矩形波(1个脉冲)
控制范围	低速范围	中速范围	高速范围
电压波形			
调制系数	0~0.61	0.61~0.78	0.78
特征	转矩细微变化	输出增大	
ECU数据表（MG1/MG2控制模式）	0	1	2

图4-55 逆变器信号调节

关闭"READY"模式后，如图4-56所示混合动力系统高压电容器内残留的高压以MG线圈生热的形式而散失，从而降低了电压。通过使电流流经定子线圈以产生与转子(永久磁铁)磁场方向相同的磁场，无须使MG产生转矩也能使电能散失。

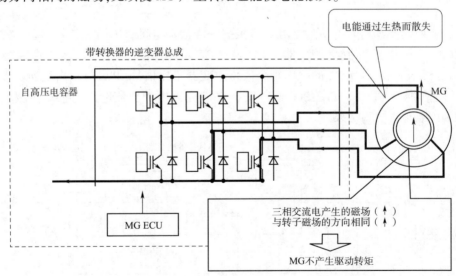

图4-56 放电控制

如果混合动力系统发生故障，则可能无法以MG生热的方式来使高压电容器放电，如图4-57所示。断开SMR一段时间后，通过放电电阻器释放电容器内残留的电荷。拆下维修塞把手后，等待规定时间(如5min或10min)以完全释放电荷。

2. IGBT切断控制（由于逆变器故障）

动力管理控制ECU(HV CPU)监视逆变器的控制状态。图4-58出现过电压、过电流或电路故障等异常时,动力管理控制 ECU(HV CPU)断开异常电路中的逆变器 IGBT 以切断逆变器控制。过电流和过电压(增压后)的原因,由于 MG1 或 MG2 电流流入时间不当而引起的过电流或过电压磁铁(转子)接近时,电流克服斥力而流动。施加磁力的时间不当而引起过电流。由于 MG1 或 MG2 线圈短路而引起的过电流或过电压,因线圈短路而使负载消失从而出现过电流。

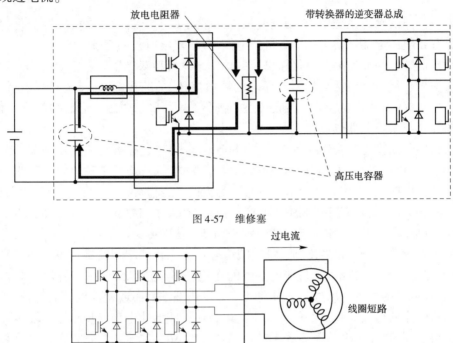

图 4-57 维修塞

图 4-58 切断控制

3. 高压电路暂时切断而引起的过电压

由于 ECU 电源电路和控制电路暂时切断而引起的过电压,如图 4-59 所示(如 SMR 异常切断、指令值暂时切断等)。功率滞留而导致电压升高,动力管理控制 ECU(HV CPU)监视逆变器的控制状态。出现过电压、过电流或电路故障等异常时,动力管理控制 ECU(HV CPU)断开异常电路中的逆变器,IGBT 以切断逆变器控制。

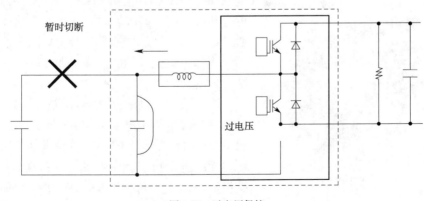

图 4-59 过电压保护

五、电机控制系统维护检修

(一) 丰田卡罗拉混动更换冷却液

新能源汽车控制系统维护

新能源汽车的动力系统中,必须安装散热系统提高系统效率。电机控制器是将蓄电池等能量储存系统的电能转换为驱动电机的电能,并输出给电机的部件。

电机控制器的主要生热器件是输出级的功率绝缘栅型双极场效应管 MOSFET 器件。这些功率模块的损耗主要包括晶体管工作时的导通损耗、关断损耗、通态损耗、截止损耗和驱动损耗,这些功率损耗都会转换成热能,使控制器发热。最重要的是通态损耗和关断损耗,这两项损耗是电机控制器热量的主要来源。

电动机内部由铁芯和绕组线圈组成,电机通电运行都会有不同的发热现象。绕组有电阻,通电会产生损耗,损耗大小与电阻和电流的平方成正比,这就是我们常说的铜损。除直流电机外,电动汽车电机控制器输出的电流多为方波,不是标准的正弦波,会产生谐波损耗。铁芯有磁滞涡流效应,在交变磁场中也会产生损耗,其大小与材料、电流、频率、电压有关,这就是铁损。铜损和铁损都会以发热的形式表现出来,从而影响电机的效率。目前,电机控制系统中散热系统主要分为自然冷却、风冷、液冷等形式。自然冷却就是指不采用特别的散热措施,让发热部件通过自身表面与环境空气的作用,或通过相邻部件的传导作用,将热量传送出去,达到散热的目的。风冷是通过空气流过发热部件表面或特别设计的风道,带走发热部件内部所产生的热量。以上两种方式一般运用在一些低速电动代步车运用较多。

有资料表明,强制风冷的散热效果是自然风冷的 10~20 倍;液冷的散热效果是自然冷却的 100~120 倍;沸腾冷却的散热效果最好。从结构的复杂性和实现的难易程度来看,对于空间要求不高的通用变频器,强制风冷散热系统比水冷散热系统简单,容易实现。以下介绍为 EV 和在 HEV 电机控制冷却系统中。一般采用独立于发动机冷却系统的冷却系统来冷却带转换器的逆变器总成和驱动电机。冷却液温度降至低于 65℃ 以冷却混合动力零部件,尤其是逆变器。图 4-60 为丰田卡罗拉冷却系结构。

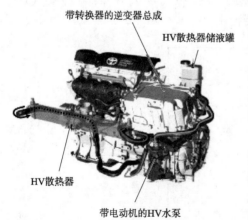

图 4-60 HEV 冷却系

通过在车辆上装备 HV 散热器、带电动机的 HV 水泵和仅用于混合动力系统的 HV 散热器储液罐,可冷却逆变器、增压转换器、DC/DC 转换器和 MG1。通过在发动机散热器前部安装 HV 散热器并利用相同的冷却风扇系统,可使混合动力系统的冷却系统结构紧凑。

冷却液按下列顺序循环:散热器→逆变器→HV 散热器储液罐→带电动机的 HV 水泵→混合动力传动桥→HV 散热器(图 4-61)。泵电动机采用高输出功率无刷电动机。轴承在两端支撑轴,因此降低了噪声和振动。车辆处于 READY ON 状态时,带电动机的 HV 水泵始终运转。泵电动机由来自动力管理控制 ECU(HV CPU)的占空比信号控制并具有 3 个不同的工作级别。

更换 HEV 系统冷却液时使用的放气程序(图 4-61):

(1)缓慢地向储液罐倒入冷却液,直至达到 F 刻度线为止(图 4-62)。

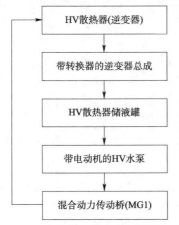

图 4-61　卡罗拉 HEV 电机控制冷却系流程　　　　图 4-62　储液罐位置

注意:不要重复使用排放的冷却液因为可能含有异物。

(2)使用下列两种方法,操作带电动机的 HV 水泵。

进行"Activate the Water Pump"主动测试。

将电源开关置于 ON(READY)位置。

(3)由于放气导致冷却液液位下降,添加冷却液至 F 刻度线。

注意:添加冷却液前,务必将电源开关置于 OFF 位置。

(4)重复步骤(2)和步骤(3)直至放气完成。

(5)正常反应:水泵产生的噪声变小且储液罐中冷却液的循环状况改善时,逆变器冷却系统放气完成。

(二)EV450 电机控制系统故障诊断

1. 基本检查

(1)熟悉系统功能和操作内容以后再开始系统诊断,这样在出现故障时有助于确定正确的故障诊断步骤,更重要的是这样还有助于确定客户描述的状况是否属于正常操作。

(2)目视检查可能影响电机控制系统操作的售后加装装置,检查易于接触或能够看到的系统部件,以查明其是否有明显损坏或存在可能导致故障的情况。

故障代码见表 4-2。

故　障　代　码　表　　　　表 4-2

故障码	说　　明
U007388	hybrid CAN 发生 BusOff 故障
U007387	hybrid CAN 发生 Timeout 故障
U120000	CAN 帧超时故障
U120100	CAN 帧长度故障

续上表

故障码	说　　明
U120200	CAN 帧 checksum 故障
U120300	CAN 帧 counter 故障
U120400	CAN 帧超时故障
U120500	CAN 帧长度故障
U120600	CAN 帧 checksum 故障
U120700	CAN 帧 counter 故障
U120800	CAN 帧超时故障
U120900	CAN 帧长度故障
U120A00	CAN 帧 checksum 故障
U120B00	CAN 帧 countor 故障
U110000	CAN 帧超时故障
U110100	CAN 帧长度故障
U110200	CAN 帧 checksum 故障
U110300	CAN 帧 counter 故障
U110400	CAN 帧超时故障
U110500	CAN 帧长度故障
U130000	CAN 帧超时故障

（3）电机控制器电路如图 4-63 所示。

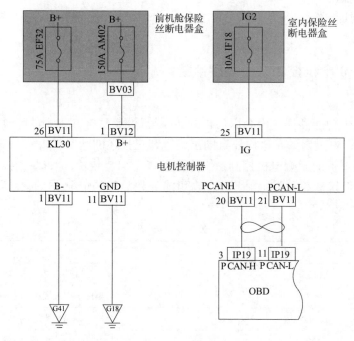

图 4-63　电路简图

2. 故障诊断过程

在执行本诊断步骤之前,观察故障诊断仪的数据列表,分析各项数据的准确性,这样有助于快速排除故障。诊断步骤及操作规范见表4-3。

诊断步骤及操作规范　　　　　表4-3

诊断步骤	操作规范
步骤1:使用故障诊断仪读取故障代码	①操作启动开关使电源模式至ON状态; ②连接故障诊断仪,读取系统故障代码; ③确认系统是否存在其他故障代码
	是,优先排除其他故障代码指示故障
	否,继续诊断
步骤2:检查电机控制器电源电压 BV11 电机控制器线束—1连接器	①操作启动开关使电源模式至OFF状态; ②断开电机控制器线束连接器BV11; ③操作启动开关使电源模式至ON状态; ④用万用表测量电机控制器线束连接器BV11端子25和车身搭铁之间的电压值; 标准电压:11～14V ⑤用万用表测量电机控制器线束连接器BV11端子26和车身搭铁之间的电压值; 标准电压:11～14V ⑥确认测量值是否符合标准
	否,修理或更换线束
	是,继续诊断
步骤3:检查电机控制器搭铁线束	①操作启动开关使电源模式至OFF状态; ②断开电机控制器线束连接器BV11; ③用万用表测量电机控制器线束连接器BV11端子1、11和车身搭铁之间的电阻; 标准电阻:小于1Ω ④确认测量值是否符合标准
	否,修理或者更换线束
	是,继续诊断
步骤4:检查电机控制器的通信线路 BV11 电机控制器线束—1连接器	①操作启动开关使电源模式至OFF状态; ②断开电机控制器线束连接器BV11; ③用万用表测量电机控制器线束连接器BV11端子21和诊断接口IP19端子11之间的电阻; 电阻标准值:小于1Ω ④用万用表测量电机控制器线束连接器BV11端子20和诊断接口IP19端子3之间的电阻; 电阻标准值:小于1Ω ⑤确认测量值是否符合标准
	否,修理或者更换线束
	是,继续诊断

续上表

诊 断 步 骤	操 作 规 范
步骤5:进行 P-CAN 网络完整性检查 IP19 诊断接口线束连接器 	①操作启动开关使电源模式至 OFF 状态; ②用万用表测量终端接口 IP19 端子 3 和端子 11 之间的电阻值; 标准电阻:55~67.5Ω ③确认测量值是否符合标准
	否,优先排除 P-CAN 网络不完整故障
	是,继续诊断
步骤6:更换电机控制器	①操作启动开关使电源模式至 OFF 状态; ②断开蓄电池负极电缆; ③更换电机控制器; ④确认故障排除
诊断结束	

技能实训

(一)电机控制系统认知

1. 准备工作

(1)拆装设备:新能源整车吉利 EV450/比亚迪 E5/特斯拉 Modle S。

(2)拆装工具:新能源汽车安全防护套装、常用工具套装。

(3)检测工具:诊断仪、绝缘表、万用表、示波器。

(4)参考材料:新能源汽车车主手册、维修手册。

2. 技术要求与注意事项

(1)车辆安全防护、5S、记录车辆信息、电机、电机控制器铭牌信息。

(2)查询维修手册、完成高压断电流程。

(3)检查电机、电机控制器的安装、线束连接、管路连接的状况。

3. 操作步骤

(1)车内防护:铺设脚垫、座椅套、转向盘套,启用驻车制动。

(2)起动车辆,确认车辆状态(仪表指示)。

(3)连接诊断仪,读取故障码、数据流。

(4)打开前机舱盖、铺翼子板布、前格栅布。

(5)根据资料找到系统的组成和各部件的安装位置、线束。

(6)举升车辆:在车辆下方观察系统组成及安装位置、观察各部件线束的连接及外观状况。

填写车辆基本信息表,见表4-4。

车辆基本信息表　　　　　　　　　　表 4-4

序　号	作 业 项 目	记 录 信 息
1	整车型号	
2	生产日期	
3	里程表读数	
4	车辆能否 READY	
5	电机控制器参数	
6	电机参数	
7	电机、电机控制器的安装、线束连接	
8	管路连接的状况低压插头状况	
9	传感器、执行器状况外观、连接状况	

（7）部分车型电机控制系统认知。

①画出吉利 EV300 的高压系统结构图并进行部件认知（图 4-64）。

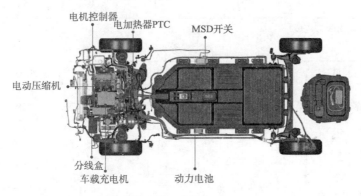

图 4-64　吉利 EV300

②画出特斯拉 Model S 高压系统结构图并进行部件认知（图 4-65）。

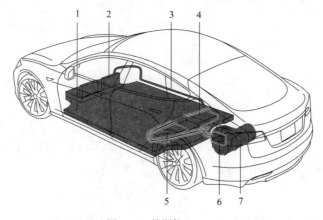

图 4-65　特斯拉 Model S

4. 小组评价与反馈(表4-5)

小组评价与反馈　　　　　　　　　　　　　　　表4-5

序 号	内 容	评 定 等 级
1	准备工作	□优秀　□良好　□中等　□不及格
2	车辆防护	□优秀　□良好　□中等　□不及格
3	电机、控制器的参数记录	□优秀　□良好　□中等　□不及格
4	基本信息填写	□优秀　□良好　□中等　□不及格
5	系统认知	□优秀　□良好　□中等　□不及格

5. 教师评价与反馈(表4-6)

教师评价与反馈　　　　　　　　　　　　　　　表4-6

序 号	内 容	评 定 等 级
1	手册使用	□优秀　□良好　□中等　□不及格
2	工具使用	□优秀　□良好　□中等　□不及格
3	技术规范	□优秀　□良好　□中等　□不及格
4	作业数据记录	□优秀　□良好　□中等　□不及格
5	操作素养(5S、态度)	□优秀　□良好　□中等　□不及格

6. 技能考核标准(表4-7)

技 能 考 核 标 准　　　　　　　　　　　　　　表4-7

序号	项目	操作内容	规定分	评分标准	得分
1	数据记录	基本信息数据记录 作业过程数据记录	30分	记录数据准确、清楚	
2	操作前准备	维修手册查询 工作前的准备	20分	资料查询准确 防护准备合理到位	
3	设备使用规范	举升器使用规范 检查用手电照明	15分	举升器使用正确 防护正确	
4	部件认知检查	系统认知	35分	驱动电机 旋变传感器 电机控制器 高压控制盒 连接高压线束 其他	
		总分	100分		

(二) 电机控制器总成的更换

1. 准备工作

(1)拆装设备:新能源整车吉利 EV450/比亚迪 E5/特斯拉 Modle S。

(2)拆装工具:新能源汽车安全防护套装、常用工具套装、专用工具。
(3)检测工具:诊断仪、绝缘表、万用表、示波器。
(4)参考材料:新能源汽车车主手册、维修手册、电路图。

2. 技术要求与注意事项

(1)完成车辆基本检查,规范使用解码器,读取整车故障码和数据流并记录。
(2)遵循主机厂规定,规范执行高压安全防护,完成高压断电流程。
(3)根据维修手册按流程规范进行拆卸、检测、安装。
(4)作业完成后确保车辆恢复正常状态。
(5)全程保持安全操作规范、5S。

3. 操作步骤

电机控制器总成更换操作步骤见表4-8。

表4-8

序号	操作步骤	操作方法及说明
1	任务准备	接受任务,分析工作内容并制定方案; 检查工位设备及安全防护用品,检查高压绝缘手套是否符合标准; 安装车内外防护用品; 穿绝缘鞋; 记录车辆基本信息,车辆识别码、品牌、型号; 警告:监护人及维修人员必须具备国家认可的《特种作业操作证(电工)》与初级(含)以上电工证,严禁无证进行维修操作。特种作业操作证电工进网作业许可证职业技能证书职业资格证书 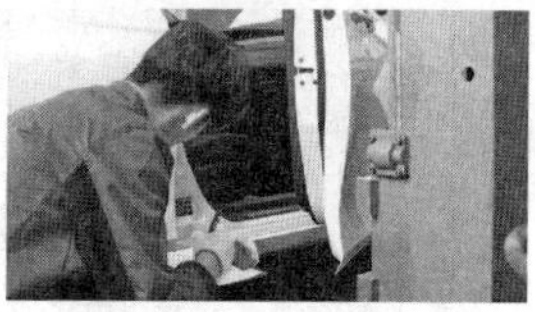
2	高压系统断电	打开点火开关; 落下驾驶人侧车窗玻璃; 查看仪表信息 
3	安装故障诊断仪	读取"电机控制系统"DTC故障码并记录; 操作空调制冷剂的回收程序 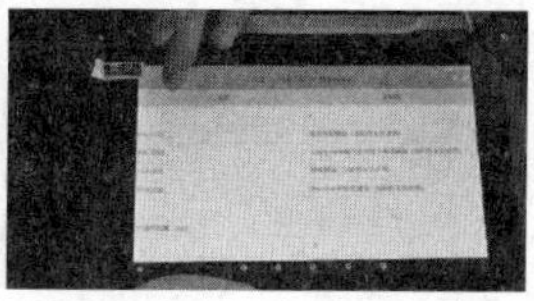

续上表

序号	操作步骤	操作方法及说明
4	关闭点火开关	放置高压作业安全指示牌； 断开蓄电池负极电缆，并做好防护
5	高压验电	断开蓄电池负极 5min 后，拔下车载充电机端直流母线插头； 用万用表分别测量整车高压回路
6	脱开驱动电机与控制器三相线束	拆卸电机控制器上盖 8 个螺栓，取下电机控制器上盖； 拆卸驱动电机三相线束连接器(电机控制器侧)3 个固定螺栓； 拆卸驱动电机三相线束端子(电机控制器侧)3 个固定螺栓，脱开三相线束
7	脱开电机控制器与分线盒高压线束	拆卸电机控制器高压线线束连接器(电机控制器侧)2 个固定螺栓； 拆卸电机控制器高压线线束端子(电机控制器侧)2 个固定螺栓，脱开高压线束
8	脱开搭铁线束	取下电机控制器搭铁防尘盖； 断开电机控制器线束插头； 拆卸电机控制器 2 根搭铁线束固定螺母，脱开搭铁线束

续上表

序号	操作步骤	操作方法及说明
9	脱开电机控制器进水管	脱开电机控制器出水管； 注意：水管脱开前请在车底放置容器，接住防冻液，以免污染地面
10	取下电机控制器总成	拆卸电机控制器4个固定螺栓，取下电机控制器总成； 记录铭牌信息
11	安装前检查	检查新电机控制器的铭牌信息与更换的电机铭牌信息是否相同； 测量电机控制器高压线束绝缘阻值； 检查新的驱动电机外观，有无破损、腐蚀等现象，要保持外观完好无损
12	连接电机控制器水管	连接电机控制器进水管； 连接电机控制器出水管
13	连接固定螺栓	紧固电机控制器4个固定螺栓，力矩：22N·m（公制）； 连接电机控制器线束连接器； 连接2根搭铁线，紧固螺母，盖上防尘盖，力矩：23N·m（公制）

续上表

序号	操作步骤	操作方法及说明
14	安装驱动电机与控制器三相线束连接器	连接三相线束,紧固驱动电机三相线束连接器(电机控制器侧)3个固定螺栓,力矩:23N·m(公制); 紧固驱动电机三相线束端子(电机控制器侧)3个固定螺栓,力矩:7N·m(公制)
15	安装电机控制器与分线盒高压线束连接器	连接线束,紧固分线盒电机控制器高压线束连接器(电机控制器侧)2个固定螺栓,力矩:23N·m(公制); 紧固分线盒电机控制器高压线端子(电机控制器侧)2个固定螺栓,力矩:7N·m(公制)
16	连接高压直流母线蓄电池负极	放置电机控制器上盖,紧固电机控制器上盖8个螺栓,力矩:9N·m(公制); 连接直流母线; 连接蓄电池负极电缆
17	加注冷却液	拧开膨胀水箱盖; 持续加注冷却液,直至膨胀水箱盖内冷却液容量达到80%左右,且液位不再下降,膨胀水箱保持开口状态; 拔出电机控制器出水管,待电机控制器出水口有成股水流出,装上电机控制器出水管; 除气完成,补充冷却液,恢复车辆
18	性能检查	打开点火开关,查看仪表信息是否正常; 连接诊断仪,读取"电机控制系统"是否有故障存储

续上表

序号	操作步骤	操作方法及说明
19	恢复车辆、场地6S、交付车辆	确认无故障后关闭点火开关,取出车内防护用品; 升起驾驶人侧车窗玻璃; 收起翼子板布,关闭机舱盖; 收起高压作业维修标志; 整理现场,移交车辆

4. 评价与反馈

(1)小组评价与反馈(表4-9)。

小组评价与反馈表　　　　　表4-9

序号	内容	评定等级
1	作业前准备	□优秀　□良好　□中等　□不及格
2	高压安全防护	□优秀　□良好　□中等　□不及格
3	拆卸流程	□优秀　□良好　□中等　□不及格
4	安装流程	□优秀　□良好　□中等　□不及格
5	检测调试	□优秀　□良好　□中等　□不及格
6	工具使用	□优秀　□良好　□中等　□不及格

(2)教师评价与反馈(表4-10)。

教师评价与反馈表　　　　　表4-10

序号	内容	评定等级
1	维修资料使用	□优秀　□良好　□中等　□不及格
2	工具设备使用	□优秀　□良好　□中等　□不及格
3	技术规范	□优秀　□良好　□中等　□不及格
4	作业数据记录	□优秀　□良好　□中等　□不及格
5	操作素养(5S、安全、效率)	□优秀　□良好　□中等　□不及格

(3)技能考核标准(表4-11)。

技能考核标准　　　　　表4-11

序号	项目	操作内容	规定分	评分标准	得分
1	数据记录	作业对象数据记录 作业过程数据记录	20分	记录数据准确、清楚	
2	操作前准备	维修手册查询 拆装前的准备	20分	手册查询准确 工具准备合理到位	

续上表

序号	项目	操作内容	规定分	评分标准	得分
3	高压断电作业	维修手册查询 断开车载充电器处直流母线	30分	安全防护作业到位 作业流程规范合理	
4	电机控制器总成更换	电机控制器总成的拆卸、安装、检测、调试	30分	拆装过程合理 工具使用合理 完成所有拆装作业项目	
	总分		100分		

(三) 电机控制系统故障诊断

1. 准备工作

(1) 拆装设备:新能源整车吉利EV450/比亚迪E5/特斯拉Modle S。
(2) 拆装工具:新能源汽车安全防护套装、常用工具套装、专用工具。
(3) 检测工具:诊断仪、绝缘表、万用表、示波器。
(4) 参考材料:新能源汽车车主手册、维修手册、电路图。

2. 技术要求与注意事项

(1) 正确确认故障现象,完成车辆的基本检查。
(2) 完成车辆基本检查,规范使用解码器,读取整车故障码和数据流并记录。
(3) 遵循主机厂规定,规范执行高压安全防护,完成高压断电流程。
(4) 根据维修手册按流程规范进行拆卸、检测、安装。
(5) 作业完成后确保车辆恢复正常状态。
(6) 全程保持安全操作规范、5S。

3. 操作步骤

(1) 验证状(表4-12)。

工作页1　　　　　　　　　　　　　　　　　　　　表4-12

序号	作业项目	记录信息
1	车辆故障现象	客户反馈: 确认故障:
2	整车型号	
3	工作电压	
4	蓄电池容量	
5	车辆识别代码	
6	电机型号	
7	里程表读数	
8	车辆能否READY	
9	客户反应	

(2)预诊断(表4-13)。

工 作 页 2　　　　　　　　　　　　　　　表4-13

作业项目	作业内容	备注
读取故障码及模块通信状态		
正确读取数据	<table><tr><td>项目</td><td>数值</td><td>单位</td><td>判断</td></tr><tr><td></td><td></td><td></td><td></td></tr><tr><td></td><td></td><td></td><td></td></tr><tr><td></td><td></td><td></td><td></td></tr><tr><td></td><td></td><td></td><td></td></tr><tr><td></td><td></td><td></td><td></td></tr></table>	※如果无相关数据则无需填写
清除故障码并再次读取	确认故障码是否再次出现,并填写结果 □无 DTC □有 DTC	
车辆基本检查	线路/连接器外观及连接情况 □正常　□不正常 零件安装等 □正常　□不正常 其他 □正常　□不正常	※不拆装

(3)找原因(表4-14)。

工 作 页 3　　　　　　　　　　　　　　　表4-14

作业项目	作业内容	备注
分析故障原因	简化控制电路图,并分析故障原因	
确定故障范围	根据验证故障现象、基本检查、预检,确定最有可能的故障范围	

(4)定计划(表4-15)。

工作页4　　　　　　　　　　　　　　　　　表4-15

工作计划	序　号	工作流程	使用工具、仪器、设备、资料、耗材等	标　准　值	安全、效率、5S、注意事项

(5)做诊断(表4-16)。

工作页5　　　　　　　　　　　　　　　　　表4-16

作业项目	作业内容			备　注
部件/电路测试	部件/线路范围	检查或测试后的判断结果		※注明测试条件、插件代码和编号,控制单元针脚代号以及测量结果
		□正常	□不正常	
		□正常	□不正常	
		□正常	□不正常	
		□正常	□不正常	
		□正常	□不正常	
		□正常	□不正常	
		□正常	□不正常	
		□正常	□不正常	
		□正常	□不正常	
		□正常	□不正常	
		□正常	□不正常	
		□正常	□不正常	
		□正常	□不正常	
	波形采集(不用者不填)	□正常	□不正常	

(6) 析机理(表4-17)。

工作页6　　　　　　　　　　　　　　　　表4-17

作业项目	作业内容	备注
分析机理	分析故障机理,提出维修建议 故障机理可能原因： 维修建议	

(7) 排故障(表4-18)。

工作页7　　　　　　　　　　　　　　　　表4-18

作业项目	作业内容			备注
分析机理	故障类型	确认的故障位置	排除处理说明	
	线路故障		□更换　□维修 □调整	
	元件故障		□更换　□维修 □调整	

4. 评价与反馈

(1) 考核评价(表4-19)。

考核评价表　　　　　　　　　　　　　　　表4-19

操作7步骤	考核要素	组评	自评	师评
验症状	能运用仿真软件确认故障现象			
	体现严谨的劳动态度和职业素养			
预诊断	能运用仿真软件读取故障码和数据流			
	能正确分析数据结果			
	能对车辆进行规范的基本检查			
找原因	能主动参与团队活动和解决问题			
	能分析和完善故障原因			
	认真倾听,对问题有合理的应有的反应			
定计划	能依据维修手册制定和完善检修方案			
	每一个步骤都包括物料、工具、测量仪器、测量内容、标准值等			
	考虑时间控制、成本核算、安全与环保等			

续上表

操作7步骤	考 核 要 素	组评	自评	师评
做诊断	正确使用检测工具与设备			
	独立地、有针对性地完成故障诊断,并检测部位、方法和步骤正确			
	能正确分析检测数据,确定故障点			
	遵守工作安全和环保法规			
析机理	能主动参与团队活动、分析问题、解决问题			
	能够思路清楚地分析故障机理			
排故障	能规范地排除故障			
	积极主动完成车辆清洁、整理、整顿和恢复			
	能在检修工作中坚守岗位,对客户负责			

(2)考核标准(表4-20)。

考 核 标 准 表 表4-20

作业内容	评分要点(各竞赛环节漏项或累计最多扣相应配分)	配 分
人物安全	□未按竞赛要求着装的扣1分; □举升车辆或上电未有效警示他人的每次扣1分; □可能构成设备损坏或人身伤害的操作每次扣1分	25分
设备使用	□未检查绝缘手套密封性的扣1分; □未检查工具、仪器外观损伤的扣1分; □使用万用表前未进行电阻校准的扣1分; □未检查数字万用表的电阻量程(校零)的扣1分; □未检查耐磨手套、护目镜、安全帽外观损伤的扣1分; □工具仪器使用不合理、跌落或未合理归位的每次扣1分	20分
团队协作	□出现两条作业主线的每次扣1分; □小组内部缺乏交流的每次扣1分; □小组分工不明配合混乱的每次扣1分	20分
作业要求	□大声唱报作业内容的每次扣1分; □未同步记录作业过程的每次扣1分; □记录数据与测量数据不符的每次扣1分; □使用万用表、示波器前未断电,被裁判制止的每次扣1分	25分
现场恢复	□未关闭驾驶人侧车窗的扣1分; □未拆卸翼子板布、格栅布的扣1分; □未拆卸车内四件套并丢弃垃圾桶的扣1分; □未移除高压警示标识等到指定位置的扣1分; □未恢复工位到原标准工位布置状态的扣1分; □未将钥匙、诊断报告放至指定位置(裁判处)的扣1分	10分

续上表

作业内容	评分要点(各竞赛环节漏项或累计最多扣相应配分)	配 分
追加处罚	□未执行高压作业断电流程被裁判制止的每次扣3分; □断电时未有效佩戴绝缘手套、护目镜的每次扣3分; □断电前未关闭启动开关、未妥善保管智能钥匙的每次扣3分; □断电前未断开辅助蓄电池负极、未做安全防护的每次扣3分; □断电未正确拔下直流母线插头、未做安全防护的每次扣3分; □未按正确安全操作程序,操作、损毁车辆或竞赛设备,视情节扣2~15分,特别严重安全事故的终止比赛,成绩记0分; □未按正确安全操作程序,造成人员伤害,视情节扣2~15分,特别严重安全事故的终止比赛,成绩记0分; 说明:追加处罚不配分只扣分,至职业素养操作规范扣完为止	—

思考与练习

(一) 单项选择题

1. 以下对电机控制器主要功能说法错误的是( )。
   A. 怠速控制(爬行)　　　　　　　B. 控制电机转向(前进后退)
   C. 能量回收(直流转换交流)　　　D. 驻坡(防溜车)

2. 以下不是电机控制系统组成的是( )。
   A. 驱动电机　　　　　　　　　　B. 高压配电设备
   C. 电机控制器(MCU)　　　　　　D. 车载充电机

3. IGBT 说法错误的是( )。
   A. 简称绝缘栅双极型晶体管　　　　B. 电压驱动式功率半导体器件
   C. 高输入阻抗和GTR 的低导通压降缺点　D. 电机控制器的核心部件

4. 电机控制器的主要参数由技术指标和( )组成。
   A. 技术参数　　B. 性能指标　　C. 整车参数　　D. 工作指标

5. 关于旋变传感器说法错的是( )。
   A. 又称旋转变压器
   B. 主要用以检测交流感应电机转子
   C. 可以获知电机位置、速度、方向
   D. 传感器线圈有励磁、正弦、余弦三组线圈

6. 电机控制器结构功能说法错误的是( )。
   A. 包括功率电路、驱动与保护、控制电路三大部分
   B. 功率电路用于进行能量的变换
   C. 功率电路用于驱动与保护电路
   D. 控制电路只能实现电机的转矩控制

7. 比亚迪 E5 动力总成说法正确的是( )。

A. 二合一结构

B. 分体式结构

C. 电机控制器、驱动电机、主减速器在一起

D. 电机线束连接到电机控制器,安装在内部

8. 电机系统驱动模式正确的是(　　)。

A. 整车控制器根据车辆运行的不同情况,不包括车速、挡位、蓄电池 SOC 值来决定

B. 电机控制器从整车控制器处得到转矩输出命令时,将动力蓄电池提供的直流电能,转化成交流电能,以使电机输出转矩

C. 当车辆在溜车或制动的时候,电机控制器从整车控制器得到发电命令后,电机控制器将电机处于驱动状态

D. 以上都不对

(二)多项选择题

1. 电机控制技术包括(　　)。

A. 逆变电路控制(DC-AC)

B. 再生制动电路控制(AC-DC)

C. 将动力蓄电池的高压电转换成低压电源

D. 交流充电技术

2. 再生制动的基本原理描述正确的是(　　)。

A. 通常情况下,蓄电池电压比制动能量回馈过程中开始工作的比较特殊的发电系统发电电压高

B. 将该回馈系统产生的电能给蓄电池充电

C. 制动过程中电机作为发电机给动力电池充电

D. 再生制动模式就是 DC-AC

3. 电机控制器的工作原理说法正确的是(　　)。

A. 驱动电机的输出动作主要是靠控制单元给定命令执行

B. 控制器可以将输入的直流电逆变成电压、频率可调的三相交流

C. 国产车一般电机控制器安装在前舱内,采用 CAN 通信控制

D. 电压传感器用于检测供给电机控制器工作的实际电压,包括动力蓄电池电压

4. 电机控制器工作模式(　　)。

A. 转矩控制模式　　　　　　　　B. 静态模式

C. 主动放电模式　　　　　　　　D. DC/DC 直流转换

5. 特斯拉电机逆变器工作原理(　　)。

A. 将来自换挡杆、加速踏板和制动踏板的驾驶人指令转换为提供给电机的直流电

B. 电机逆变器是一个双向系统

C. 产生移动车辆的正确速度、转矩和旋转方向

D. 能量回收制动通过使用电机逆变器产生负转矩以及从电机流向蓄电池的相应电流来实现

6. 电机控制器的结构说法正确的是( )。

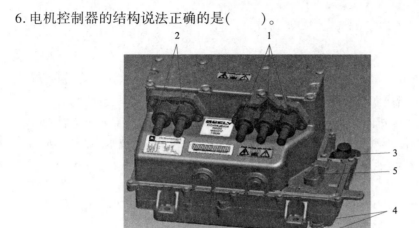

A. 1 代表交流线束 B. 2 为直流线束
C. 3 代表高压线束 D. 5 代表低压线束

(三) 判断题

1. 高压控制系统一般可分为分体式、PDU、PEU。 ( )
2. PDU 减少了高压线束的数量、便于高压线束的布置。 ( )
3. 目前特斯拉高压系统已经更新迭代两代。 ( )
4. PEU 是将车载充电机模块(慢充)、DC/DC、MCU 驱动电机控制器及高压配电模块集成的产品。 ( )
5. PEU 集成化设计将原本大量的高压线束优化后,在内部母排中集成体现,降低了高压母线的屏蔽效果。 ( )
6. 特斯拉 Model S 采用交流感应电机。 ( )
7. Model 3 采用了永磁同步电机。 ( )
8. 根据车辆运行的不同情况,包括车速、挡位、蓄电池 SOC 值来决定,电机输出转矩/功率。 ( )
9. 特斯拉通过能量回收制动反馈回蓄电池的能量大小可能取决于蓄电池的当前状态和您所使用的充电量设置。 ( )

(四) 简答题

1. 简述电机控制系统的功用。
2. 简述 IGBT 模块的作用。
3. 简述电机控制器结构功能。
4. 简述特斯拉 Model S 电机控制总成结构特点。
5. 简述电机控制器的工作原理。
6. 简述国产特斯拉电机逆变器的结构原理。
7. 简述制动能量回馈的原则。
8. 简述制动能量回馈控制。

参 考 文 献

[1] 何忆斌,侯志华.新能源汽车驱动电机技术[M].北京:机械工业出版社,2021.
[2] 邹国棠.电动汽车电机及驱动:设计、分析和应用[M].北京:机械工业出版社,2018.
[3] 张舟云,贡俊.新能源汽车电机技术与应用[M].上海:上海科学技术出版社,2013.
[4] 张之超,邹德伟.新能源汽车驱动电机与控制技术[M].北京:北京理工大学出版社,2016.